CORAGGIO

Che cosa vuol dire avere coraggio?

Non significa essere senza paura... al contrario. Avere coraggio significa capire che una cosa ti spaventa, ma farla lo stesso. Perché, quando provi paura, hai due opzioni: usarla come scusa per arrenderti o attingere a tutto il tuo coraggio per affrontarla.

Lo studio delle ultime ricerche sulle strategie per aumentare la fiducia in se stessi portano a essere ottimisti rispetto a diventare capaci di dire ciò che pensiamo davvero né fare le cose che ci spaventano. Questo libro ne riporta i risultati. Leggi con attenzione, e sappi che basta non mollare!

Quando avrai timore di non sentirti a tuo agio in un gruppo, ti ritroverai ad affrontare uno spinoso problema di amicizia o avrai paura di affrontare qualcosa di nuovo, questo libro ti aiuterà. Ti dimostrerà che puoi farcela, che distinguersi è bello e che la tua unicità... è ciò che ti rende speciale!

VIVI CON CORAGGIO E LIBERTÀ

SOMMARIO

TU CI CREDI?

Ti senti in grado di conquistare il mondo? Credere in te infonde entusiasmo verso la vita, sicurezza interiore, ti dà la capacità di capire ciò che è giusto e, soprattutto, la sensazione che niente sia impossibile

Tu credi in te? Sei consapevole delle tue forze e delle tue capacità? Non con arroganza, della serie: "Io sono migliore di tutti", ma con l'onestà di chi si conosce e accetta ogni parte di sé, sia il meglio che il peggio. Credere in te può essere più difficile di quanto pensi. Se confidi di essere in grado di fronteggiare tutto ciò che la vita ti mette davanti, vivi ogni esperienza con un senso di maggiore preparazione. Sai che per gestire le sfide di ogni giorno puoi contare sulle tue forze e sulle tue capacità, e sei più incline ad accogliere le opportunità, invece di rifuggirle. E anche se non tutto va come previsto, la fiducia in te ti spinge a riprovarci. Quando ti ritrovi a dover svolgere un compito difficile, pensi: "Posso farcela" o "Se mi esercito ci riuscirò", non pensi: "Non ce la farò mai".

Accettare il buono

Ti hanno mai detto che sei divertente? Che sei gentile o hai una mente creativa? Che lo sport è il tuo forte, o la scrittura, o che ti impegni e lavori sodo? Hai creduto a quelle parole? Notando i tuoi pregi e i tuoi talenti, le persone possono alimentare la tua autostima... ma solo se tu credi che le loro parole siano la verità. Quella vocina dentro di te è amichevole, ti incoraggia a prendere per buoni i complimenti che ti fanno? Oppure è acida e cattiva, e ti fa dubitare di quello che hai sentito? In quest'ultimo caso, il risultato sarà l'opposto della fiducia in te.

Imparare a crederci

Il modo migliore per alimentare la convinzione di potercela fare è sfruttare le capacità che hai, imparando, facendo pratica e, soprattutto, riprovandoci quando qualcosa non ti riesce. Più lo farai, più scoprirai e vedrai con i tuoi occhi ciò di cui sei davvero capace. Quando ti concentri su ciò che puoi fare, inizi a provare orgoglio per i risultati che raggiungi e la fiducia in te si fa ancora più forte.

tu
puoi
farcela

SÌ CHE PUOI

I MATTONI DELL'AUTOSTIMA

Ci sono altre cose che puoi fare per rafforzare l'autostima:

1 **Scegli con cura le amicizie**
Circondati di persone che ti fanno sentire bene. In larga parte, la percezione che hai di te dipende da come credi che gli altri ti vedano. Non sprecare tempo con gente poco positiva e non lasciarti condizionare troppo dai consensi e dalle reazioni sui social.

2 **Non paragonarti agli altri**
Ognuno ha pregi e difetti, e i tuoi sono necessariamente diversi da quelli di chi conosci. Fa' tua ogni parte di te, anche quelle più bizzarre, e non ti troverai a desiderare di essere come nessun altro.

3 **Trattati con gentilezza**
Quando la tua vocina interiore è malevola o negativa, fermati e di' qualcosa di positivo. Se lei dice: "Non posso", tu di': "Posso". Se dice: "Non ci riuscirò mai", di': "Se mi impegno, posso imparare a farlo".

4 **Corri qualche rischio**
Prova cose nuove, di' di sì alle opportunità che ti arrivano, entra in una squadra, alza più spesso la mano in classe, esprimi ciò che pensi davvero (a patto che non faccia rimanere male nessuno!).

5 **Sii sempre tu**
Ci vuole coraggio per mostrarsi per come si è davvero. Più ti presenterai con sincerità, sia verso di te che verso gli altri, più la tua autostima crescerà. Abbi fiducia nelle tue azioni e non preoccuparti di doverti comportare in un certo modo per farti accettare da un gruppo. Non vergognarti di voler dare il massimo e non sentirti mai un babbeo per averci provato. Fatti vedere per quello che sei: sbagli, insicurezze, tutto quanto. Quando senti di non dover nascondere qualcosa che non ti riesce bene, ecco che non sembra più così importante.

Il potere della VISUALIZZAZIONE

Credi in te e scoprirai che tutto è possibile

Di fronte a una sfida o a una situazione sconosciuta, magari non sempre confidi di avere il talento o l'intelligenza necessari per ottenere un buon risultato. A prescindere dall'obiettivo, però, è importante partire con il giusto spirito e credere in te; e la visualizzazione è un ottima strategia per rafforzare l'autostima.

La visualizzazione consiste nell'affrontare nella mente un evento futuro e raggiungere il risultato sperato. Se vuoi vincere una partita di tennis o svolgere al meglio un dibattito in classe, concentrati e immaginati mentre sollevi il trofeo o ricevi le congratulazioni di amici, amiche e insegnanti. Continua a pensare al successo e a vederlo con gli occhi della mente, e inizierai a credere che quello sarà ciò che accadrà.

È scientificamente dimostrato che la visualizzazione migliora l'autostima e le prestazioni, tanto che molti atleti professionisti, tra cui il canottiere olimpico Steve Redgrave e il cestista Michael Jordan, hanno usato questa tecnica come strategia per sentirsi più sicuri di sé prima delle competizioni. E Oprah Winfrey attribuisce il suo successo mediatico alla visualizzazione e al pensiero positivo, che l'hanno aiutata a tirarsi fuori dalla povertà e a diventare una delle donne più ricche al mondo. Da bambina, aveva visto la nonna spaccarsi la schiena tutti i giorni e aveva deciso che la sua vita sarebbe stata migliore. All'Oprah Winfrey Show ha detto: "Crea un'immagine della tua vita più bella possibile, perché ciò in cui si crede, si diventa"

VEDERE PER CREDERE

Immagina il successo e inizierai a sentirti davvero in grado di raggiungerlo...

1 **Sii la star, non il pubblico**
Trova un posticino comodo e tranquillo per rilassarti, dove sai che niente ti disturberà. Chiudi gli occhi, fa' qualche respiro profondo e prenditi il tempo per distendere e tranquillizzare la mente. Ora immagina di prepararti a quell'evento. Mi raccomando: fallo dalla tua prospettiva. Cerca di non guardarti come se fossi dentro un film.

2 **Prendi posizione**
Raffigurati nella mente il luogo dove stai per svolgere l'attività. Può essere la pista di atletica, il palcoscenico o la tua aula. Guardati mentre stai in piedi con una postura forte, sicura, oppure immaginati mentre ti dirigi a testa alta verso l'obiettivo. Poi, ripercorri tutto l'evento proprio come vorresti che accadesse, dall'inizio alla fine.

3 **Attiva tutti i sensi**
La visualizzazione non deve per forza limitarsi alla percezione visiva; anzi, più sensi riuscirai a coinvolgere, più la tecnica sarà efficace. Quali odori senti, quali rumori, quali consistenze? Immergiti più che puoi nell'immagine mentale... ti deve sembrare che stia accadendo davvero. Dovrebbe essere tanto dettagliata da richiedere, per ricrearla, tanto tempo quanto ne servirebbe nella vita reale per viverla.

4 **La pratica porta alla perfezione**
Non si tratta di farsi illusioni o immaginarsi il successo e basta, bensì di mettere in pratica con la mente l'attività in cui si vuole riuscire; e vedere coi propri occhi che il risultato che si cerca è possibile. Più ti eserciterai in questa tecnica, più migliorerai.

Sono un tipo STRANO?

È normale sentirsi pesci fuor d'acqua quando si è alla ricerca di sé e del proprio posto

Ti hanno invitato a una festa, ma preferiresti stare a casa. Alla fine, all'ultimo minuto, decidi di andarci. Te ne stai lì così, la sola persona che non sembra aver voglia di provare quel cocktail sospetto. Ascolti con distrazione le chiacchiere, che ti paiono abbastanza insulse. Hai fatto uno sforzo e hai provato a socializzare, ma niente. Oggi più che mai ti convinci che sei asociale, fuori posto. Significa che sei un tipo strano?

La bellezza della differenza

Primo, sentirsi in preda all'incomprensione, alla solitudine o allo smarrimento non fa di te un tipo strano. Secondo, la stranezza non è un male: è una differenza. Infine, ti sei mai chiesto se forse non ti stai paragonando alle persone "sbagliate"?

Se ti piace stare a casa significa che ti senti a tuo agio per conto tuo. È un bene, non è strano. Non ti va di bere alcolici? Perfetto. Non ti interessano gli argomenti di conversazione? Idem. Forse le persone con cui ti trovi non fanno per te.

Dunque, magari sarai anche fuori luogo, ma non necessariamente asociale. In quella situazione particolare, in quel contesto e in quel momento preciso non sei come le altre persone che ti circondano. Ci sta. Ognuno è un individuo unico: è per questo che il mondo è bello. Distinguersi dagli altri, a ben vedere, è del tutto normale. Sapere chi sei davvero, invece, può essere un po' più complicato.

LE TUE
DIFFERENZE
E
STRANEZZE
SONO LA TUA
VERA FORZA

Meryl Streep

Ama la tua unicità

I bambini si sentono spesso dire che sono speciali, ma il significato di questa parola cambia nel momento in cui si cresce e si inizia a confrontarsi con altri studenti e studentesse. A volte, sembra che evidenzi le differenze e metta in discussione la propria identità, invece di enfatizzare la propria unicità.

Fa emergere dubbi e suscita una domanda in particolare: chi sono io? Rispondere non è semplice. Serve tempo ed esperienza per scoprire chi sei davvero, e uno dei modi migliori per imparare a "essere" è osservare le persone che hai intorno. Ma, così facendo, sei portato a preoccuparti di ciò che gli altri pensano di te. È un istinto naturale quello di cercare il proprio gruppo di amici e amiche, e desiderare che ti accettino. Perfino voler *essere* come loro.

Il fatto è che questo vale per tutti. Anche la persona più popolare della scuola non è nata con l'autostima a mille. Quando si prova a integrarsi, spesso è difficile considerare le differenze un vantaggio.

Non dobbiamo essere tutti uguali

Hai mai pensato che la tua eccentricità potrebbe essere un vero e proprio punto di forza? Alcuni dei pensatori e degli scienziati più influenti del mondo, tra cui Albert Einstein, da giovani sono stati definiti strani. Altri sono stati vittime di bullismo per aver osato essere diversi (pare che siano stati i bulli a scuola a dare a Taylor Swift l'ispirazione che l'ha spinta a iniziare a scrivere canzoni).

Puoi subire critiche e prese in giro per molte ragioni, a volte nessuna. Può accadere perché gli altri si sentono insicuri, minacciati e non ti capiscono. Come mai? Forse perché tu non rientri nella loro idea di normalità... ma non è un problema. Il mondo non ha bisogno di persone tutte uguali, ma di diversità, di individui unici. Idee nuove, prospettive inedite e un modo diverso di pensare fanno scoccare la scintilla dell'originalità creativa. Insomma, è normale sentirsi tipi bizzarri. L'importante è amare e accogliere le proprie differenze... e perseverare nella propria stranezza. Non puoi mai sapere dove ti porterà...

Strategie per entrare in un gruppo senza perdere autenticità

- Accettati per come sei.
- Non cedere alle pressioni del gruppo.
- Trova persone simili a te..
- Rispetta le qualità uniche degli altri.
- Sii disponibile a fare e imparare cose nuove.
- Cerca di sentirti parte del gruppo, invece di omologarti.

IMPARARE A VOLARE

Fai fatica a scuola? Tutti hanno difficoltà in qualcosa, ma se riesci a chiedere aiuto quando hai bisogno e ti ricordi di esaltare i tuoi punti di forza, tutto sarà più facile

Se a scuola studiare ti riesce difficile, che si tratti di matematica, di mantenere la concentrazione, leggere o scrivere, forse ti consideri meno intelligente degli altri. Magari ti hanno diagnosticato un disturbo dell'apprendimento come la dislessia o l'ADHD, e lo vedi come un handicap o una malattia: vorresti che sparisse per essere "normale" e più simile ai tuoi amici. È quello che pensano tante persone che si trovano in difficoltà a scuola: è naturale desiderare di essere al pari dei compagni in tutto. Ma pensa se fossi davvero al vertice della classe in tutto ciò in cui ti cimenti. Non smetteresti di essere te? Il modo in cui impari fa parte della persona che sei: è un modo di essere. Le difficoltà non si possono far sparire e basta. È importante comprendere tutte le qualità che ti rendono la persona che sei, invece di guardare solo a ciò che non sai fare.

Ed è altrettanto importante cercare ciò che ti rende speciale e che ti distingue dagli altri. Le difficoltà che forse devi affrontare sono come il cartellino con il prezzo attaccato a un kit di talenti. Cercare queste doti deve diventare la tua missione. A scuola non sempre si manifestano. Lo chef Jamie Oliver non è il primo personaggio famoso che afferma che la dislessia sia stata la miglior cosa che potesse capitargli.

"VOLER ESSERE QUALCUN ALTRO È UNO SPRECO DELLA PERSONA CHE SEI"

Marilyn Monroe

COSTRUISCI LA FIDUCIA IN TE

* Impara a conoscerti meglio. Ascolta con attenzione i complimenti che ricevi e prova a viverli e ad accettarli per veri. Disegna un albero o un fiore e ogni volta che scopri un tuo talento, un'abilità o un tratto del tuo carattere, oppure gli argomenti o le cause che per te sono importanti, scrivili su un ramo o un petalo. Usa un bel foglio grande, pennarelli colorati e magari appendilo in camera tua per vedere come il disegno evolve nel tempo.

* Criticarsi e mettersi in dubbio fa parte del gioco. Avrai intorno anche persone critiche o negative pronte a scoccare commenti sgradevoli o a prendere in giro. Come saprai, cercare di ignorarle non sempre funziona. Allora, metti qualche sedia nella stanza della tua mente per quei critici (interni o esterni). Di' loro che sai che sono lì, ma andrai avanti a fare ciò che stavi facendo.

* Riconosci le amicizie vere e mantieni i contatti il più spesso possibile. Sii consapevole di quanto affetto ricevi e da chi..

* Impara a stare per conto tuo e anche a staccarti dai social per alcuni periodi. Le persone creative nella storia hanno capito quanto è importante estraniarsi temporaneamente dal mondo. Così, dopo, potrai rimetterti in gioco dando il meglio di te.

* Vivi con serenità i tuoi errori e accetta le battute d'arresto, fanno parte della vita. Ma tra le nuvole cerca l'arcobaleno. Da quelle situazioni trova qualcosa da imparare.

CONSIGLI PER IMPARARE

- Ascolta tanti audiolibri. Intanto, prova a seguire leggendo. Le storie sono fondamentali per lo sviluppo emotivo. Non lasciare che il tuo livello di lettura ti impedisca di trarre il meglio che la letteratura può offrirti per capire la vita.
- Quando leggi, prova a trasformare a mente le parole in un film. Ti aiuterà anche a ricordare meglio.
- Quando scrivi, inizia concentrandoti solo sul contenuto. Immagina quello che vuoi dire nella tua testa, buttalo sul foglio senza preoccuparti dell'ortografia o della punteggiatura, e soltanto quando sarà tutto di fronte a te potrai guardare alla grammatica. Non lasciare che il timore di non scrivere in maniera perfetta ti impedisca di esprimerti.

E infine...

- Impara alcune tecniche di respirazione per mantenere la calma oppure prova a meditare: su internet ci sono tante ottime guide..
- Il sonno è importante: riposa il più possibile.
- Prova tutte queste strategie e valuta quale funziona meglio per te..

STRAVOLGI LA TUA MENTALITÀ

Mai sentito l'espressione "pensare fuori dalla scatola"? Si usa spesso quando servono soluzioni nuove e originali, piuttosto che le solite idee che vengono in mente a tutti. Ma perché tutti tendiamo a ragionare allo stesso modo? Si può imparare a pensare in modo più creativo?

Se riunisci un gruppetto di persone e chiedi loro di risolvere un problema (per esempio: "Come raccogliere fondi per un ente di beneficenza della città quest'anno?"), è probabile che molte di loro daranno risposte simili. Penseranno subito a esperienze passate e sfrutteranno le conoscenze sul mondo che già hanno. Poche proporranno soluzioni davvero inedite o innovative.

Se imparare dal passato spesso aiuta, a volte è utile ragionare in modo del tutto nuovo. I più grandi scienziati, innovatori, artisti, autori e imprenditori del mondo hanno tutti una cosa in comune: il pensiero creativo.

A prescindere dal settore di competenza, le persone di successo sanno bene che, se continuano a fare come hanno sempre fatto, otterranno sempre gli stessi risultati.

Aprire la mente

Chi pensa "fuori dalla scatola" dispone delle stesse informazioni di tutti gli altri, ma le guarda in un altro modo. I pensatori creativi si fanno domande. Per esempio, quando il chimico statunitense Spencer Silver non riusciva a inventare una colla adesiva abbastanza forte per essere usata nell'aeronautica, invece di cestinarla, si chiese: "Be', a che cosa potrebbe servire?" E, ta-taaa! Con quel collante poco appiccicoso nel 1974 creò il primissimo foglietto adesivo.

Immagina di far parte del comitato ecologico della scuola. Per tre anni, assemblee a favore del riciclo e del riutilizzo non sono riuscite a ridurre la quantità di rifiuti del pranzo. E coinvolgere gli studenti di tecnologia per costruire un involucro alimentare riutilizzabile? Più idee proporrai, più sarà probabile trovarne una che funziona.

COME AUMENTARE LA CREATIVITÀ

Imparare a pensare fuori dagli schemi aiuta a risolvere i problemi, a reagire quando le circostanze cambiano e a gestire nuove sfide. Leggi questi suggerimenti per allenare il cervello a guardare alle cose da un'angolazione diversa:

1 **Trova un oggetto nello spazio dove ti trovi (per esempio una graffetta, un ciottolo, un libro, una tazza o un barattolo di vetro). In quanti modi diversi si potrebbe usare?**
Esempi: *Usi di un barattolo vuoto: bicchiere, vaso, portacandele, capsula del tempo, contenitore per alimenti, "teca" per piccoli oggetti, portapenne, trappola per ragni o portavaso.*

2 **Ragiona su come porteresti a termine un compito senza uno degli strumenti, ingredienti o metodi che usi sempre**
Esempi: *Come dipingeresti senza pennello? Come ti laveresti i capelli se non potessi alzare le braccia fin sopra le spalle? Come ti infileresti le calze senza usare le mani?*

3 **Gioca a Tabù con gli amici. Bisogna descrivere una parola senza usare quella parola né cinque a essa correlate. I compagni di squadra la devono indovinare**
Esempi: *Descrivi la parola "tennis" senza usare "tennis" né le seguenti: campo, racchetta, pallina, rete e Wimbledon. Descrivi la parola "jeans" senza usare "jeans" né le seguenti: denim, blu, pantaloni, vestiti e indossare.*

4 **Scegli due oggetti che a prima vista non c'entrano nulla l'uno con l'altro e prova a trovare un collegamento**
Esempi: *Scoiattolo/matita. Collegamento: gli scoiattoli vivono sugli alberi e le matite sono fatte di legno. Pinzatrice/trampolino. Collegamento: entrambi contengono molle.*

Continua a esercitarti per migliorare la capacità di creare nuovi collegamenti e fatti quante più domande possibile sul mondo che ti circonda.

RICOMINCIARE

Che si tratti di una scuola nuova, una nuova università o un lavoro mai fatto prima, un nuovo inizio suscita spesso un miscuglio di emozione e apprensione. Ma come fare se ti sembra insormontabile?

Non farti illusioni: il passaggio dalle elementari alle medie, dalle medie al liceo e poi all'università, e perfino cambiare scuola a metà anno è un passo significativo. Può rivelarsi arduo orientarsi in un nuovo labirinto di corridoi, districarsi in un orario complicato e capire come sono gli insegnanti... per non parlare di tutte le facce nuove che dovrai conoscere.

Diventa ancora più difficile se nella tua classe tu sei l'unica persona che andrà in quella nuova scuola o università, e non potrai chiedere alla tua migliore amica se stai andando nella direzione giusta per raggiungere l'aula magna.

Tuttavia, non farti prendere dal panico. Preparati, piuttosto. Ci sono tre aree nelle quali una buona preparazione può fare miracoli: va' avanti a leggere per scoprire quali e, nel frattempo, mettere in saccoccia alcune dritte su come fare amicizia.

SI TORNA
A SCUOLA
1+1=2
x+y=z

1 Un senso di impreparazione

Comincia a organizzarti, a preparare l'occorrente e il vestiario necessari prima della data di inizio. Se, per esempio, per il nuovo corso servono libri o attrezzature specifiche che si possono acquistare solo su internet, ordina il tutto con largo anticipo per scongiurare di arrivare all'ultimo minuto e scoprire che sono esauriti.

Qualche giorno prima, pensa a ciò che potresti indossare (se non c'è la divisa) e a come vorresti presentarti. Inoltre, è buona cosa assicurarsi che gli abiti siano puliti, stirati e pronti la sera prima. Ci torneremo più avanti, ma per ora ci basti dire che a nessuno conviene andare nel panico perché non ha idea di che cosa mettere a dieci minuti dall'ora in cui deve uscire di casa.

Un'altra cosa da fare la sera prima è controllare di avere tutto il necessario. Contribuirà a rendere l'inizio più sereno e così sarà meno probabile che darai di matto scoprendo di non aver portato l'astuccio, il libro più importante o, peggio, i soldi per il pranzo.

Se vuoi avere la certezza che sia tutto a posto, puoi addirittura prepararti il pranzo la sera prima e metterlo in frigo; così, la mattina dopo non ti resterà che lavarti, vestirti, fare colazione e uscire. Senza problemi dell'ultimo minuto.

2 Orientarsi in un edificio nuovo

Può risultare imbarazzante non sapere bene dove siano le aule, e nessuno si augura di perdersi mentre cerca la propria. In tante università, vicino alla segreteria, c'è una pratica mappa della struttura. Ma se hai ancora problemi, chiedi

a qualcuno: ti aiuterà volentieri. Dovrai soltanto trovare il coraggio di rivolgere la parola a uno studente più grande o a un insegnante che sembra sapere dove andare, e chiedere indicazioni. Una volta che avrai imparato a parlare con persone che non conosci, questo non sarà più un passo così grande, e ben presto potrai andartene in giro senza problemi..

3 Prime impressioni

A prescindere dalla tua età, la prima impressione è fondamentale. Perciò, prima del giorno d'inizio, è una buona idea dedicarsi un piccolo momento per coccolarsi in modo da sentirsi freschi come rose quando si varcherà la soglia dell'ateneo. Potresti lavarti bene i capelli e tagliarti le unghie per avere un aspetto ordinato, presentabile e avvicinabile. L'importante è che ti senta a tuo agio, perché ti aiuterà a vivere con serenità l'incontro con i nuovi compagni. Se non ti sembra di apparire al meglio, oppure indossi vestiti che non ti rappresentano, la tua autostima potrebbe precipitare e tenderai a chiuderti. Perciò, comportati in modo spontaneo, evita il panico dell'ultimo minuto e da' il meglio di te.

CREARSI NUOVE AMICIZIE

Quando si comincia un nuovo percorso, è sempre comodo avere accanto qualcuno che si conosce già, ma non è sempre possibile, se hai traslocato o hai cambiato scuola rispetto ai tuoi amici. Se stai iniziando il liceo o l'università, la prima cosa che devi sapere è questa: l'agitazione è normale. La provano tutti. Sembrerà che amiche, amici e parenti te lo dicano solo per farti sentire meglio, ma, fidati, è la pura verità.

Perciò, se lo terrai presente, capirai che sono tutti sulla tua stessa barca e probabilmente cercano un po' di conforto, quindi mantieni la calma e respira. Quando te la sentirai, ecco qualche consiglio per avvicinarti alle persone e iniziare a dare una spinta alla tua autostima:

* **Attacca bottone.** Prova a iniziare a chiacchierare con qualcuno facendo un complimento sul suo zaino o sul suo astuccio, oppure, se sei in università, su quello che indossa.

* **Fai una domanda.** Prova a chiedere qualcosa per proseguire la conversazione, come: "Che liceo hai frequentato?" o "Che bella maglietta/gonna/giacca, ti sta benissimo! Dove l'hai presa?"

* **Trova terreno comune.** Se in risposta alla domanda di prima ha parlato di un negozio che piace anche a te, avete già qualcosa in comune. Potete parlare delle esperienze e degli acquisti che avete fatto lì. In caso contrario, fa' una domanda che secondo te quella persona potrebbe trovare interessante. Per esempio, se sta leggendo un libro, puoi chiederle di che cosa parla e se ha un autore prediletto. Oppure, se indossa la maglietta di una band e sembra appassionata di musica, chiedile il nome del suo gruppo preferito. La risposta potrebbe portare a consigli su libri da leggere, canzoni da ascoltare e interessi in comune.

* **Entra in un club.** Potrà sembrare scontato, ma iscriversi alle attività extracurriculari che ti interessano aumenterà la probabilità di incontrare studenti che la pensano come te, specialmente se non sono in classe con te.

* **Sorridi!** È il modo più rapido per destare simpatia e far sentire gli altri a proprio agio tanto da farti domande. E più persone incontrerai, più probabile sarà fare nuove amicizie e allargare il giro.

L'amicizia richiede tempo

L'importante è non preoccuparsi e non sforzarsi troppo. Molte persone sono convinte di dover trovare un gruppo o qualcuno in particolare subito, altrimenti rimarranno sole e infelici per tutta la vita. Non è così. Potrà volerci qualche settimana prima che si inizi a formare una vera amicizia, perciò non andare nel panico se non scatta subito qualcosa con qualcuno. Se dopo un paio di mesi fatichi ancora trovare buoni amici, non incolparti. Forse il problema è la scuola o l'università in sé (non tutte le scuole sono adatte a persone di tutti i tipi), perciò non temere di chiedere alla tua famiglia di cambiare, se credi che sia necessario.

FAI SENTIRE LA TUA VOCE

Come farsi ascoltare dalle figure in posizione di autorità

Sei una di quelle persone sempre piene di idee, ma a volte provi una certa frustrazione perché sembra che nessuno ti ascolti? Oppure la timidezza o l'agitazione ti impediscono di dar voce alle tue opinioni perché ti convinci che nessuno ti prenderà sul serio, specialmente chi è in posizione di autorità? Se è così, è il momento di agire. I tuoi punti di vista e le tue idee sono importanti e, con un piccolo aiuto, puoi imparare a farti ascoltare da chi detiene il potere, che si tratti di parlare al preside delle divise scolastiche o al tuo comune per migliorare le strutture per i giovani nella tua città.

COME OTTENERE ASCOLTO E CONSIDERAZIONE

1 **Entra nel vivo**
In molte scuole e università esiste un comitato e spesso per accedervi sono previste campagne e votazioni. Se hai voglia di fare la differenza e senti di avere buone idee, entraci. Non preoccuparti di non essere stato eletto o che ormai per quest'anno sia troppo tardi: parla con chi è in carica o con il capo del comitato per capire come partecipare, perché dopotutto rappresentano anche te e hanno sempre bisogno di una mano.

2 **Metti per iscritto**
Se qualcosa ti preoccupa o ti è venuta una buona idea, ma ti agiti al pensiero di parlarne di persona, scrivi una lettera; così, potrai dire tutto in maniera educata, costruttiva ed equilibrata. Usa un tono positivo, non giudicare e, se è il caso, proponi soluzioni. Puoi scrivere a penna o al computer, anche inviare un'e-mail, se ti sembra opportuno, ma prima preparati per tempo. Su quali punti vuoi concentrarti? Che cosa vuoi ottenere? Chi vuoi che la legga?

3 **Raccogli prove**
Sostieni idee e argomentazioni con i fatti. Potresti organizzare un sondaggio tra gli alunni per capire come la pensano o dedicare qualche settimana a prendere appunti riguardo a un problema. Magari una testimonianza personale può dare più peso alle tue idee. Per esempio, se la divisa è troppo scomoda o la stoffa è scadente, dimostralo. Se i panini della mensa hanno lo stesso ripieno per tre settimane di fila, allega una lista. Se credi che la tua città debba cambiare, spiega perché.

4 **Usa gentilezza e persuasione**
Educazione, sincerità, gentilezza e rispetto per i punti di vista degli altri ti daranno credito sia di persona che in una lettera. È importante mantenere la calma e il rispetto: se scrivi alla preside una proposta per un cambio di divisa, mostra di comprendere le ragioni per cui a scuola è necessaria un'uniforme, e invece di dire che la detesti, spiega nello specifico che cosa dovrebbe cambiare e perché. Descrivi i modi in cui la situazione si potrebbe migliorare per tutti.

5 Formule utili

Quando cerchi di far capire un concetto, è sempre una buona idea tenere a mente qualche frase fatta pronta per l'uso. Dovresti puntare a comunicare che hai compreso il punto di vista dell'altro e poi descrivergli perché la tua idea è migliore.

Per esempio:

- Capisco perché Lei crede che... però...
- Pur comprendendo l'importanza di... molti studenti ritengono che...
- La ringrazio per aver dedicato del tempo ad ascoltare le mie argomentazioni su..
- Mi consiglierebbe come procedere con quest'idea?
- Quali passi mi suggerite di fare per cambiare la situazione?

6 Ricorda che anche chi ti ascolta è umano

La persona a cui parli o scrivi sarà anche in posizione di potere, ma è stata pur sempre a scuola, un tempo, e dovrebbe ascoltarti, anche se non ti potrà aiutare. Rivolgiti a lei con maturità e buone maniere, e ti risponderà. Magari non sarà la risposta che volevi, ma aver dedicato del tempo per provarci migliorerà la tua autostima per quando dovrai sollevare un'altra questione.

7 Entra in un club

Se hai un interesse particolare, unisciti a un club o a un'associazione che si dedica a quella causa. Potrebbe riguardare l'ambiente, il riciclo della plastica, la sessualità o i diritti degli animali. E se non riesci a trovarne, fondane tu uno, con il benestare del preside e dei genitori. Frequentare persone che condividono le tue opinioni rafforzerà le tue argomentazioni. Un altro ottimo modo per migliorare le tue doti di argomentazione e persuasione è entrare nel club di dibattiti della tua scuola. Chissà: magari le tue idee porteranno al cambiamento in cui speri.

8 Non prenderla sul personale

Una volta comunicate le tue idee, potresti riuscire a ottenere un risultato positivo e a vedere un cambiamento. Però, potrebbe anche darsi che, nonostante gli sforzi, la persona a cui parli non ascolti, o lo faccia ma non possa o non voglia cambiare nulla. Prenditi del tempo e rifletti. Puoi tornare sulla questione, ma potrebbe essere necessario dedicare tempo a trovare altri modi per spiegare quell'idea; oppure, per il momento, accettare la situazione. Allo stesso modo, se le cose non si muovono con la rapidità che vorresti, sii consapevole che potrebbero attuarsi gradualmente, ma che i piccoli cambiamenti che inneschi possono avere un impatto enorme.

ERAVAMO IN TRE...

Come fare se in un gruppo di tre ti senti di troppo

"In due si è in compagnia, in tre in una folla" è uno dei proverbi più conosciuti della lingua inglese, e che tanti, giovani e vecchi, hanno sperimentato sulla propria pelle... a loro spese.

Sebbene avere due migliori amiche o amici e far parte di un trio affiatato dovrebbe raddoppiare il divertimento e la confidenza, spesso la realtà è diversa. Le dinamiche di un'amicizia a tre possono essere complicate, perfino tossiche, ed è inevitabile che prima o poi una delle tre persone si senta messa da parte. Non si arriverà mai a un brutale due contro uno, ma sembrerà un gruppo formato da due più uno: un duo a cui si accoda un singolo. Essere quest'ultimo può provocare una grande sofferenza: proverai un senso di isolamento, di rifiuto e inizierai a risentirti, soprattutto se sei tu ad aver fatto conoscere le altre parti. Non sarà mai facile vedere persone che erano tue amiche formare legami stretti che sembrano escludere te.

Se hai già fatto parte di un trio, riconoscerai questa situazione: eccoti nel tuo terzetto, così unito che perfino gli insegnanti scherzano sul fatto che non vi si può staccare, e vi chiamano i tre moschettieri. Ma poi scopri che le tue due migliori amiche (o amici), le persone di cui credevi di poterti fidare ciecamente, si vedono dopo la scuola senza di te. Instagram è pieno di post che raccontano quello che fanno, e guardare le foto di loro due insieme al cinema e poi che si

godono una serata a casa, ti infonde un forte senso di tradimento.

Vorresti affrontare la cosa, chiedere loro perché ti hanno escluso, ma hai paura che questo non faccia che affiatare il duo ancora di più, e allora scrivi un messaggio sui social, tanto perché sappiano che tu sai che cosa hanno fatto. Dici qualcosa come: “Bello, divertente”, ma dentro di te stai urlando: “Perché non mi avete invitato? Vi odio, tutt’e due”.

È normalissimo sentirsi così, ed è normalissimo anche non avere voglia di vedere quelle persone. Magari vorrai stare a casa a leccarti le ferite, sebbene tu sappia che non aiuterebbe nessuno, men che meno te. La cosa migliore sarebbe parlare con loro, specialmente se circostanze simili sono già capitate in precedenza. Se si tratta un episodio isolato, potresti anche provare a non dargli troppo peso e a concentrarti sugli aspetti positivi della vostra amicizia, cioè a quanto ti stanno simpatiche entrambe quelle persone e a quanto è saldo il vostro rapporto; oppure, meglio ancora, prendere l’iniziativa e organizzare qualcosa da fare tutt’e tre. Se invece la situazione persiste e vieni a sapere che ti escludono sistematicamente ogni volta, forse la dura realtà è che il vostro trio non funziona. Non è colpa tua e non dovrebbe impedirti di mantenere comunque i due rapporti separati; semplicemente, l’amicizia a tre non ti sta dando ciò che desideri.

Non va tutto male

Tutti prima o poi si ritrovano a vivere la sensazione di essere la ruota di scorta. È una specie di rito di passaggio nell'età adulta. Le persone sono complicate e così anche le relazioni che costruiscono. A volte, sarai quella che tutti vogliono conoscere, e altre volte no. Far parte di un trio può essere impegnativo, ma la gioia di avere due migliori amici a cui rivolgerti invece di uno solo può compensare tutte le difficoltà. Come disse una volta l'artista Andy Warhol: "Da soli si è in compagnia, in due è una folla e in tre è una festa".

CHE COSA FARE SE IL VOSTRO TRIO DIVENTA TOSSICO

1 **Fai un passo indietro per vedere il quadro generale**
Fai un bel respiro e valuta la situazione in maniera spassionata. Loro due escono davvero così tanto senza di te o ci sono altrettante occasioni in cui tu organizzi qualcosa con solo una persona o in cui siete tutt'e tre insieme? Se si vedono più spesso tra loro, può essere che abbiano un interesse in comune, magari un'attività doposcuola, che ha rafforzato il loro legame?

2 **Ricorda: ogni relazione ha i suoi alti e bassi**
È probabile che nel giro di qualche settimana la vostra amicizia a tre si assesti e raggiunga un nuovo equilibrio, perciò non farti prendere dall'ansia. Con calma e pazienza, da' alla situazione il tempo di risolversi da sola.

3 **Prova a far capire loro che ti senti in disparte**
Inizia con la persona con cui hai più confidenza e parlale faccia a faccia o al telefono, piuttosto che in chat. È probabile che non avrà idea di averti ferito o non si renda conto di quanto sia importante per te partecipare.

4 **Rifletti su come cambiare la tua reazione**
Essere vittima di esclusione di tanto in tanto è inevitabile, capita a tutti. L'importante è non prendersela troppo. E non peggiorare le cose assumendo un atteggiamento distaccato o standosene lì ad aspettare che altri organizzino eventi ai quali puoi partecipare anche tu. Prendi l'iniziativa. Informati su cosa c'è al cinema e sii tu a invitare loro.

5 **Non stare a casa a ossessionarti sui loro profili social**
Se sono fuori a divertirsi, dovresti farlo anche tu. Allarga il giro in modo da avere altre persone con cui socializzare. Avere due grandi amicizie è fantastico, ma non devi far ruotare tutta la tua vita sociale unicamente attorno a loro.

DI' LA TUA

L'abilità di parlare in pubblico è difficile da acquisire, ma con la pratica riuscirai a far emozionare con le tue parole chi ti ascolta

Hai paura di esprimere la tua opinione durante le discussioni in classe? O magari ti capita di impappinarti, mangiarti le parole e perdere il filo se ti chiedono di parlare davanti ad altri? Sei in buona compagnia.

Sono in tanti ad avere paura di parlare in pubblico e a provare un certo livello di ansia da prestazione. I sintomi sono vari: dal classico aumento del battito cardiaco alle farfalle nello stomaco, fino ad arrivare a un terrore paralizzante, all'incapacità di formulare le parole e a un tremore incontrollabile delle mani. Certe persone sembrano rilassate e sicure di sé, ma è solo frutto dell'esperienza.

Sotto sotto, in pochi si sentono del tutto a proprio agio. Come te, anche insegnanti, politici e celebrità provano ansia prima di un discorso, ma poi accade una magica reazione a catena: parlando, l'ansia cala e la sicurezza aumenta. Il segreto? Hanno imparato a gestire il nervosismo e, soprattutto, a credere nelle proprie capacità. Con questa consapevolezza, anche tu saprai brillare...

COME FARE PRESENTAZIONI CONVINCENTI

Preparati
Innanzitutto, scegli un argomento che ti appassioni, verificando che sia idoneo alla consegna. Inizia a fare ricerche almeno qualche giorno prima del tuo momento e delinea le informazioni importanti, così come fatti e opinioni specifiche difficili da memorizzare. Esercitati di fronte allo specchio o con qualcuno e, se ti hanno dato un limite di tempo, usa un cronometro.

Rilassati
Prendi consapevolezza del modo in cui ti presenti e fa' caso a ciò che provi. Tenere un discorso può essere davvero stressante, perciò occorre accettare queste emozioni, comprendere che sono normali e mettere in pratica qualche tecnica utile (alla pagina successiva trovi qualche dritta). Si tratta di metodi dimostrati per calmare i nervi e permetterti di concentrarti su una comunicazione efficace.

Senti l'emozione, non la paura
Non ignorare la paura. Anzi, accoglila e trasforma quell'energia nervosa negativa in un'emozione positiva: paura ed emozione sono interconnesse perché scaturiscono dalle stesse sostanze chimiche nell'organismo. Se ci pensi, i sintomi sono gli stessi (da quelle sensazioni alla bocca dello stomaco alla difficoltà a dormire), e in realtà sei tu a scegliere se interpretarli come paura o emozione.

Perfeziona lo stile...
Raggiunto il giusto stato d'animo, datti un'aria da professionista: tieni alta la testa, sorridi e guardar il pubblico negli occhi (prova a cercare facce amiche, all'inizio). Parla a voce alta, lentamente e scandendo bene le parole, e non temere di far pausa per sottolineare un concetto. Interagisci anche con il pubblico con aneddoti divertenti e particolari, o anche solo spiegando come mai l'argomento ti interessa.

...ma accetta l'imperfezione
È difficile tenere un discorso senza mai sbagliare, perciò non preoccuparti se fai qualche errore qua e là. Probabile che il pubblico neanche vi farà caso, dunque non concentrarti sulle imperfezioni e va' avanti con dignità. Una risatina nervosa o una pronuncia sbagliata non sono la fine del mondo. Fa' un bel respiro e prosegui. Non cercare di finire in fretta o di scappare da una situazione che ritieni imbarazzante.

QUALCHE DRITTA

* Ricorda che parlare con sicurezza in pubblico richiede pratica, autocontrollo e convinzione. La maggior parte della gente non nasce con il dono dell'eloquenza, perciò la sicurezza non viene spontanea: è un atteggiamento che va coltivato con impegno.
* Prova a definire ciò che ti causa ansia. Hai paura di dimenticare quello che devi dire? Scrivi una lista di punti chiave ed esercitati.
* Temi che le persone ti faranno domande a cui non saprai rispondere? Fa' ricerche approfondite e, se non conosci la risposta, ammettilo.

STRATEGIE PER STUPIRE IL PUBBLICO

Quattro semplici modi per migliorare nei discorsi e nelle presentazioni:

1 **Racconta una cosa che nessuno sa**
Se vuoi che le persone siano interessate e ti ascoltino davvero, includi nel discorso qualcosa che non sanno. Una curiosità incredibile, una storia strana, qualsiasi informazione che secondo te si porteranno a casa e racconteranno ad altri.

2 **Fa' un respiro profondo**
La respirazione profonda è il segreto della calma. Se inizi a scivolare nel panico, respira a fondo dal naso, trattieni il fiato per qualche secondo, e poi espira dalla bocca. Rifallo finché non raggiungerai uno stato di rilassamento.

3 **Fa' una domanda a cui non sai rispondere**
Fa' una domanda a cui sai che il pubblico non saprà rispondere e poi replica così: "Non c'è problema. Neanch'io lo so". Spiega perché e poi parla di ciò che invece sai. Chi ti ascolta presterà maggiore attenzione, e tu, ammettendo di non avere tutte le risposte, sembrerai un tipo umano e simpatico.

4 **Visualizza il successo**
Immaginare il successo in anticipo può rivelarsi molto utile. Prima della prossima presentazione, prova a chiudere gli occhi e a vivere mentalmente tutta l'esperienza: ciò che dirai, la reazione del pubblico, e il piacere e l'orgoglio che sentirai per aver tenuto un ottimo discorso.

AMICIZIE VERE O FALSE?

Che cosa ti viene in mente quando pensi alla parola bullo? Una persona aggressiva che fa del male fisico agli altri? Uno più grande che se la prende con i più piccoli? Quando un bullo è il tuo peggior nemico, puoi semplicemente prenderne le distanze. Ma quando il bullo è tuo amico?

Amiche e amici sanno essere cattivi, a volte. Magari sono in ansia per i compiti, hanno problemi a casa o preoccupazioni economiche. Ma se le cattiverie si ripetono regolarmente e tu hai paura che, difendendoti, la vostra amicizia inizierà a incrinarsi? Ti potresti ritrovare a fingere che vada tutto bene, anche se, sotto sotto, sai che non è così. Se la situazione va avanti da tempo, ti sentirai in un impasse per cui è impossibile cambiare alcunché e la sola idea di provarci ti spaventa. Ma se una persona amica sembra più tua nemica (o falsa amica), la tua felicità e il tuo senso di benessere possono risentirne. Ecco come valutare con onestà le tue amicizie e capire se ti stanno facendo più male che bene...

COME RICONOSCERE LE AMICIZIE FALSE

Può essere difficile ammettere che qualcuno che consideri un amico sia un falso amico. Sophie Elkan, autrice di *The Girls' Guide to Growing Up Great*, spiega: "Ciò che confonde è che, a volte, una persona ci sta molto simpatica, anche se, nel profondo de cuore, sappiamo che non è una buona amica". Nel suo libro, Sophie descrive i comportamenti che segnalano l'ingresso nel territorio della falsa amicizia:

- Ti sembra di dover accontentare l'altra persona o di fare ciò che vuole..
- Cerca di convincerti a comportarti in un modo che ti mette a disagio, come a infrangere le regole o a fare cattiverie agli altri.
- Critica il tuo aspetto..
- Dice cattiverie sui tuoi amici o famigliari.
- Una persona falsa può anche cambiare di colpo: un giorno chiacchiera amichevolmente e quello dopo ti ignora.

Katerina Georgiou, consulente esperta di problemi di falsa amicizia, consiglia di fare caso a come ci si sente dopo aver passato del tempo con qualcuno. Corpo e mente si sentono rinvigoriti o svuotati? Rilassati o stressati? Spesso non riesci a capire perché, ma torni da un incontro chiedendoti come mai ti senti fragile, o sulla difensiva. Katerina suggerisce anche di pensare a come ci si sente con altri amici o gruppi. Afferma che, sebbene nessuna amicizia sia perfetta, se con una persona ti senti infelice, forse non ti è così amica come sembra...

CAPIRE LE AMICIZIE FALSE

Amiche e amici falsi, in superficie, possono sembrare disinvolti e affascinanti, farti tanti complimenti che ti fanno sentire bene... soprattutto se cantano le tue lodi di fronte agli altri. Ma, con il passare del tempo, diventano più cattivi.

Spesso, dietro alle false amicizie si nascondono persone insicure. Criticare gli altri può rappresentare uno strumento per sentirsi migliori.

Il fatto è che qualcuno che ti giudica e continua a dirti cattiverie può nuocere alla tua autostima. Potresti perfino cominciare a credere a ciò che dice, finendo in un circolo vizioso per cui continui la frequentazione sperando che torni a farti complimenti.

È importante ricordare che tutto ciò che una persona falsamente amica dice e fa rivela tutto su di lei e nulla su chi sei tu veramente.

"MEGLIO UN NEMICO SINCERO
CHE UN AMICO FALSO"

Anonimo

COSA FARE IN CASO DI FALSA AMICIZIA

1 **Parlane**
Per prima cosa, sfogati con una persona adulta di cui ti fidi. Katerina consiglia di chiederti come ti sentiresti all'idea di parlare del problema con la persona in questione. Se ti spaventa, è un segnale di allarme, perché dovresti sentirti a tuo agio a confidarti con lei. Tieni presente che potrebbe negare che il problema ci sia. O perfino incolpare te. Ecco perché è importante consultare una figura adulta: ti aiuterà a dare un giudizio imparziale.

2 **Stabilisci dei confini**
È importante dire di no se qualcosa ti fa sentire a disagio, anche a costo di infastidire l'amico o l'amica in questione. Se, dopo aver provato a parlare e a stabilire dei limiti, la situazione non cambia, allora, per quanto ti spaventi, forse è il caso di chiudere il rapporto.

3 **Prenditi una pausa**
Non chiedere ad altri amici di schierarsi dalla sua o dalla tua, ma cerca di prendere le distanze dal falso amico o dalla falsa amica. Se il suo atteggiamento diventa cattivo, aggressivo, o teso in tutto e per tutto a renderti la vita difficile, torna dalla figura adulta fidata e chiedi aiuto: non devi risolvere tutto per conto tuo.

4 **Fai nuove amicizie**
Paura di perdere un'amicizia, seppur falsa? Pensa che si crea spazio per un' amicizia nuova! L'autrice Sophie afferma: "...davvero, è meglio la solitudine rispetto alla compagnia di persone che non riconoscono il tuo valore e ti fanno provare insoddisfazione per la persona che sei".

5 **Ma ricorda...**
Non precipitarti a puntare il dito. Se il comportamento di una persona cambia, forse nella sua vita sta succedendo qualcosa di cui non sai nulla. Vale sempre la pena di prendersi del tempo per soppesare l'amicizia prima di prendere decisioni importanti.

ADDIO AI PETTEGOLEZZI

Parlare alle spalle fa parte della vita a scuola, ma può avere effetti devastanti. Ecco come affrontare le voci cattive che ti riguardano...

"Evidente che a Ellie piace Sam! La sua ragazza non sarà contenta quando glielo diremo" ... "Hai visto quella foto di Sophie? Con quella maglietta sembra ciccionissima"...

Spettegolare, di solito aggiungendo particolari non veri, occupa una larga fetta della vita scolastica. Può accadere quando una persona trasmette informazioni private su qualcun altro a un'amica o a un amico... o, nel peggiore dei casi, quando una diceria cattiva si diffonde sui social. Chi spettegola di solito non vuole far male a nessuno; lo fa per legare con altri e sfogarsi. Ma quando il pettegolezzo diventa personale e offensivo, può fare danni e intaccare l'autostima.

COME GESTIRE LA SITUAZIONE

Per gli altri è facile dirti di ignorare ciò che si dice di te in giro, ma è difficile non farsi scalfire. Magari ci riesci, e i pettegolezzi vengono presto dimenticati. Vivere sulla tua pelle il tradimento da parte degli amici, l'esclusione, le menzogne e l'umiliazione, però, può crearti un peso, un senso di depressione, ansia e rabbia. Se diventi il bersaglio dei pettegolezzi, ecco qualche idea per aiutarti ad andare oltre...

1 **Dillo a una persona cara**
Racconta ciò che succede ai tuoi amici più fidati. Ti sentirai meglio e ti aiuterà a capire il modo migliore per risolvere la situazione.

2 **Scrivi**
Metti per iscritto quello che è successo. Scrivere i pensieri ed esprimere ciò che senti non solo è utile, ma serve anche a creare un diario. Potresti veder emergere un andamento che si ripete: magari si tratta sempre delle stesse persone o succede in certi periodi. Se riesci, raccogli prove: fa' screenshot di tutto ciò che vedi sui social.

3 **Affronta il problema**
Se te la senti, potresti incontrare il colpevole che sembrerebbe aver dato inizio alle dicerie e chiedere con calma se è vero e, se sì, perché l'ha fatto. Potresti spiegare quale impatto ha avuto su di te. Pensa prima a ciò che dirai, in modo da esprimere chiaramente il tuo punto di vista senza peggiorare la situazione.

4 **Sii consapevole della verità**
Mantieni un atteggiamento forte e positivo. Tu conosci la verità e il tipo di persona che sei. Sono i pettegoli ad avere il problema.

5 **Evita i pettegolezzi**
Non frequentare chi spettegola. Se scopri che nel tuo gruppo si parla alle spalle di altri, consiglia di smettere, prova a cambiare argomento oppure fa' amicizia con persone che hanno cose migliori di cui parlare.

6 **Denuncia**
Se credi che la situazione stia minando il tuo stato mentale o il tuo lavoro, parla con un genitore, un insegnante. Essere oggetto di pettegolezzi può crearti disagio al punto di non voler più andare a scuola, e gli insegnanti non vogliono che non accada!

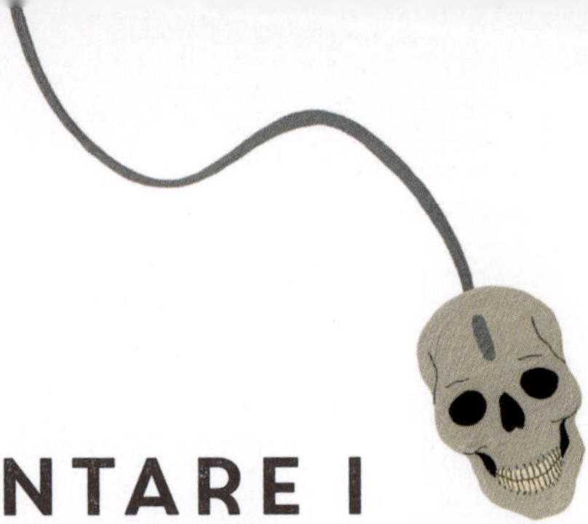

AFFRONTARE I CYBERBULLI

Cosa fare quanto si ricevono minacce su internet?

Immagina la scena: carichi con entusiasmo una tua foto su Instagram per poi scoprire, qualche ora dopo, che qualcuno ha pubblicato commenti cattivi e offensivi. L'hanno modificata con filtri bizzarri, aggiungendo insulti crudeli o emoji, oppure l'hanno trasformata in un meme e ripubblicata. Centinaia dei loro follower che tu non conosci hanno riso e messo Mi piace.

Immagina il dolore, l'imbarazzo e l'umiliazione. Purtroppo, sono sensazioni provate regolarmente (da persone di tutte le età) ed è solo una forma di cyberbullismo, che porta molte persone a sentirsi depresse, spaventate e isolate.

Il bullismo esiste da sempre, ma il cyberbullismo è nuovo. Prima che tutti avessero un cellulare, prima di internet, gli adolescenti bullizzati a scuola potevano lasciarsi i loro aguzzini alle spalle a fine giornata.

Il cyberbullismo ti segue fino in casa e continua anche quando ti chiudi in camera tua. È scioccante, ma la National Society for the Prevention of Cruelty to Children, un'associazione benefica britannica a sostegno dei più giovani, afferma di aver registrato negli ultimi cinque anni un aumento dell'88% delle chiamate relative al cyberbullismo; e di solito si tratta del prosieguo di bullismo fisico o psicologico perpetrato di persona.

Una ragazza di tredici anni ha raccontato al telefono amico Childline: "Ogni giorno mi sveglio e ho paura ad andare a scuola, dei commenti che faranno su di me... Entro sul mio profilo social e trovo messaggi orribili. È come se non potessi sfuggire ai bulli. Non posso continuare così".

Che cosa puoi fare se sei vittima di cyberbullismo? E che cosa dovresti fare se hai il sospetto che qualcuno sia un bullo? Va' avanti a leggere per scoprirlo.

CHE COSA SI CONSIDERA CYBERBULLISMO?

Per cyberbullismo si intende ogni forma di bullismo condotta su internet o tramite cellulari e tablet. Facebook, YouTube, Instagram e Snapchat dovrebbero essere luoghi sicuri per divertirsi, ma purtroppo ci sono persone che li usano per minacciare, molestare, umiliare o provocare. A volte in forma anonima o attraverso profili falsi, il che rende il tutto ancora più inquietante. Spesso, il cyberbullo giustifica il suo comportamento come "scherzoso"; ma non lo è mai se l'altra persona ci resta male. Altri esempi di cyberbullismo includono:

* Inviare messaggi o pubblicare commenti minacciosi e offensivi.
* Rubare password e spacciarsi per la vittima. A volte, i bulli ottengono con l'inganno informazioni personali e poi le pubblicano su altri siti o le condividono.
* Creare siti, profili o blog e usarli per fingersi la persona in questione o scrivendo commenti cattivi, odiosi e non veri su di lei.

Che cosa puoi fare se sei vittima di cyberbullismo?

1 Dillo a qualcuno. Proprio come il bullismo fatto di persona, il cyberbullismo può infonderti malessere, ansia e senso di impotenza. Troppo spesso le persone temono di denunciarlo per paura di peggiorare le cose, ma è importante che qualcuno sappia. Nessuno ha diritto di fare il bullo con te: mentre tu hai il diritto di sentirti al sicuro su internet e c'è chi può aiutarti a porre fine ai soprusi. Racconta tutto a un genitore o a una figura adulta fidata, magari un insegnante o un assistente sociale.

2 Se puoi, salva o fa' screenshot di tutti i messaggi incriminati, così chi ti aiuta potrà affrontare il bullo in maniera adeguata. Può darsi che si dovrà coinvolgere la polizia e occorreranno prove.

3 Segnala i commenti molesti e i profili falsi sulla piattaforma social che usi. C'è sempre un modo per fare segnalazioni.

Come far sì che non ti accada più?

Tu hai il diritto di sentirti a tuo agio sui social, quando usi il cellulare o sui siti internet, ma purtroppo i bulli ci saranno sempre. Però, esistono dei modi per proteggersi.

Un consiglio fondamentale è: prima di pubblicare, pensa! Lo sentirai spesso, ed è vero. Non usare internet per trasmettere password, foto o informazioni che non vorresti che tua nonna o i tuoi professori vedessero, nemmeno ai tuoi amici. Questo non significa che non puoi pubblicare foto, ma fa' sempre attenzione a chi le può vedere e anche a chi è tra i tuoi amici. C'è qualcuno che potrebbe voler ripubblicare o condividere quelle informazioni o immagini in modo da offenderti?

Inoltre, da' un'occhiata alle impostazioni sulla privacy dei siti e dei programmi di messaggistica che usi; lì puoi controllare chi vede il tuo profilo e chi può contattarti.

Che cosa fare se qualcosa ti sembra cyberbullismo?

- **Denuncia.** Puoi segnalare alla piattaforma social ogni forma di comportamento molesto, ma anche riferire tutto a una figura adulta di cui ti fidi.
- **Aiuta la vittima.** Inviale un messaggio privato e dille che non sei d'accordo con quanto le sta succedendo. Se hai il coraggio e puoi farlo in sicurezza, pubblica un commento pubblico a suo sostegno.

Come fare per non ricevere accuse di cyberbullismo?

Quando lasci commenti su una persona, pensa a come ti sentiresti se qualcuno dicesse lo stesso di te. Spesso su internet si dicono cose offensive senza voler ferire, ma le "battute" possono essere fraintese o facilmente trasformate in questioni più serie. Non interagire, non mettere Mi piace e non condividere post in cui ci si prende gioco di qualcuno.

Se credi di avere o aver avuto comportamenti da cyberbullo... smettila. Le tue azioni stanno facendo del male a qualcuno. Se pubblichi dichiarazioni moleste su internet o invii minacce, la polizia può rintracciarti e dichiararti colpevole di un reato.

Spesso, il motivo che spinge una persona a bullizzare risiede nel suo passato. Se credi che sia il tuo caso, puoi cambiare. Dillo a una figura adulta e chiedi aiuto.

A TESTA ALTA

Certe volte, anteporre i bisogni altrui ai propri è una necessità, ma se faciliti sempre la vita agli altri a spese delle tue convinzioni e dei tuoi desideri, forse è ora di cambiare

Una tua amica dice una cosa con cui non sei d'accordo, un negozio ti fa pagare di più, un insegnante ti fraintende: tu come reagisci?
Magari ti dà fastidio, ma eviti di pronunciarti, o magari sei all'opposto dello spettro: inveisci e ti sfoghi con chiunque ti presti attenzione.

Assertività significa trovare l'equilibrio tra parlare troppo poco, con atteggiamento troppo passivo, e parlare troppo, con troppa aggressività. Chi si comporta in modo assertivo riconosce i propri bisogni, così come quelli degli altri, e li comunica senza scusarsi, né di loro né delle proprie emozioni.

Magari credi che l'assertività non sia il tuo forte al momento, ma il bello è che si può sviluppare e raffinare; così saprai mantenere le tue posizioni e mostrare agli altri che anche quello che pensi e provi tu è importante.

Nota gli schemi

Il primo passo verso l'assertività consiste nell'osservazione degli schemi di comportamenti e reazioni. Assecondare spesso i desideri e le opinioni altrui è spesso una caratteristica essenziale della passività e comporta che di rado i propri bisogni vengano soddisfatti. Col tempo, questo atteggiamento può generare rancore, che può sfociare in esplosioni di rabbia.

Viceversa, noti che dai di matto se non riesci a ottenere ciò che vuoi o se qualcuno non è d'accordo con te? Succede a tutti, ma è raro che dopo ci si senta bene e, soprattutto, l'altra persona avrà smesso di ascoltarti non appena avrai perso le staffe. Traccia delle tue reazioni per vedere se emerge uno schema ricorrente.

Bada a come comunichi

Nel suo libro *Il potere emotivo dei gesti,* Amy Cuddy afferma che parlare con un tono potente è una parte fondamentale dell'assertività e dell'autostima. Invece di tenere la voce bassa ed esprimere in fretta quello che si sta cercando di dire, occorre alzare la voce per farsi sentire bene dagli altri, guardarli negli occhi e prendersi tutto il tempo necessario. Non c'è niente di male nel fare delle pause e parlare lentamente.

Messi in pratica questi comportamenti per un po', osserva le parole che usi. Ti scusi in continuazione? Ti tieni dentro i sentimenti più veri? Ascolta ciò che provi davvero, i tuoi pensieri e le tue emozioni, e fa' caso ai segnali fisici con cui il tuo corpo può avvertirti di un cambio di emozione (pensa alle farfalle nello stomaco o al nodo in gola).

Fa' un bel respiro ed esprimi come ti senti in reazione al comportamento di qualcun altro. Poi (ed è qui che serve coraggio), di' come invece preferiresti che le cose andassero. Mentre ne discuti, prova a usare la costruzione: "Quando tu... io mi sento... Vorrei che...". Per esempio: "Quando tu non mi inviti ai pigiama party, io mi sento triste. Vorrei che passassimo più tempo insieme".

Che cosa dice il linguaggio del corpo?

Ora le tue parole hanno un tono più assertivo, ma che cosa dice il tuo linguaggio del corpo al mondo? Le persone capiranno le tue vere emozioni dalle posture che assumi e dal modo in cui ti muovi.

Un linguaggio del corpo che denota passività include una postura piegata in avanti, con testa e spalle che ciondolano. Magari cammini lentamente, con le braccia incrociate e fai movimenti piccoli.

Un linguaggio del corpo che denota assertività comunica sicurezza senza essere aggressivo. Secondo Amy, consiste in una postura dritta ed eretta; una gestualità ampia e aperta, per esempio a braccia spalancate; stare in piedi piuttosto che sedersi, se opportuno; e perfino mettersi le mani sui fianchi.

Nel riquadro (in basso) ci sono alcune pose che puoi provare prima di entrare in un ambiente nuovo, tenere un discorso difficile o anche solo se hai bisogno di darti la carica.

Inizia a credere che tu sei importante

Questi consigli ti aiuteranno a compiere grandi passi verso l'assertività, ma l'ingrediente fondamentale è iniziare a credere che tu conti e che ciò che pensi e dici è davvero importante.

Sviluppare l'assertività è un modo per assumersi la responsabilità dei propri bisogni e comunica agli altri come trattarti. Il tempo di nascondersi nell'ombra è finito: è ora di alzarsi, farsi valere e dire al mondo che ci sei anche tu.

POSE POTENTI

Wonder Woman. Metti le mani sui fianchi, allarga i piedi fino all'altezza del bacino, tieni il mento leggermente alzato.
Braccia aperte. Immagina di avere appena vinto una gara, alza le mani in aria a V come se stessi festeggiando.
Superman. Allarga i piedi all'altezza del bacino, metti una mano su un fianco, allunga l'altro braccio in aria con il pugno chiuso.

Tieni la posa per almeno 30 secondi. Provaci quando nessuno ti guarda: all'inizio sembrerà una sciocchezza, ma ti aiuteranno a sentirti più potente.

L'EPOCA DELL'ANSIA

Provi spesso ansia e stress? Se non ti succede, magari hai un parente, un amico o un'amica che si sentono così. I social, l'uso eccessivo di internet, i videogame, la pressione sociale, problemi in famiglia ed esami sono alcuni dei motivi per cui ci si sente sotto pressione, in ansia e incapaci di rilassarsi

Se ti capita di sentirti in ansia, non devi per forza soffrire in silenzio e pensare che niente possa aiutarti. Prova a seguire questi consigli per recuperare un po' di pace interiore e sentirti di nuovo in grado di conquistare il mondo...

1 **Sii gentile**
È importante smetterla di bastonarsi. Pensa al consiglio che daresti a un'amica che ti confida di sentirsi come ti senti tu ora, e poi seguilo. Se le suggeriresti di parlare con qualcuno che potrebbe aiutarla, di coccolarsi un po' o di smetterla di preoccuparsi tanto di quello che pensano gli altri... fallo anche tu.

2 **Fissa momenti di svago**
Assicurati di organizzare belle giornate o serate per i giorni e le settimane a venire, così avrai tanti eventi da attendere con impazienza. Possono essere un appuntamento con un amico di lunga data, un'uscita al cinema per un nuovo film emozionante, un nuovo taglio dal parrucchiere o un giorno in cui cucini qualcosa che adori. Avere qualcosa di bello in agenda ti risolleverà il morale.

3 **Spegni il cellulare**
Per qualche ora, togliti l'accesso a internet o ai social. All'inizio sembrerà difficile, ma più lo farai, più ti renderai conto di quanto siano stressanti i continui aggiornamenti e di quanto tempo passi a fissare lo schermo. Inoltre, capirai che non ne hai così bisogno come credi. Anche non tenere il telefono vicino di notte è una buona idea, perché può interrompere il sonno. Da' una pausa al cervello e usalo per altre cose, come leggere, meditare, fare yoga, allenarti o dormire.

"DI GUAI NELLA VITA NE HANNO TUTTI, MA SE TI PREOCCUPI LI RADDOPPI"

Bobby McFerrin

4 Esci

È facile scordarsi quanto faccia bene stare all'aria aperta nella natura, perciò ritagliati del tempo per rendertene conto. Fai una passeggiata da qualche parte, porta fuori il cane oppure va' al parco a leggere, immergendoti nell'aria fresca e nella natura. Fa' caso a tutto ciò che ti circonda e che forse non sempre apprezzi.

5 Respira

Concentrarsi sul respiro ti aiuterà a rallentare i pensieri e a diminuire le sensazioni di ansia e tensione. Tenendo la punta della lingua appoggiata ai denti, inala dal naso contando fino a quattro, trattieni il fiato per sei secondi ed espira lentamente dalla bocca. Ripeterlo per alcune volte ti rilasserà e sarà utile sia per la mente che per il corpo.

6 Abbandona le preoccupazioni

A volte sprechiamo il tempo a preoccuparci di cose che abbiamo detto o fatto. Ricorda: con il passato non si può far nulla, se non imparare da esso. Quell'unico errore di ortografia nel compito? Ormai non è importante. Piuttosto, guarda a tutto ciò che hai fatto bene. Un'altra cosa di cui magari ti preoccupi è ciò che pensano gli altri, anche persone che conosci appena. Se ti capita, concentrati solo sulle tue opinioni e su quelle dei tuoi famigliari e amici più stretti. Non si può far cambiare idea agli altri su di te o sul tuo comportamento, aspetto o abbigliamento, ma tu puoi cambiare il tuo modo di reagire.

7 Dormi

Assicurati di dormire a sufficienza. Coricati e svegliati a orari regolari e cerca di non usare il telefono prima di andare a letto. Evita anche le docce o i bagni caldi prima di dormire, perché prima di prendere sonno ti servirà del tempo per raffreddarti. Hai ancora il cellulare in mano? Usalo per ascoltare un podcast o una app con suoni riposanti, oppure un rilassamento guidato.

8 Cibo per la mente

Certi cibi e bevande possono aumentare i livelli d'ansia. Se sei sotto stress, non esagerare con la caffeina, la cioccolata calda e i dolci molto zuccherati. Prediligi alimenti considerati calmanti o ansiolitici, come lo yogurt, le banane e le verdure a foglie verde scuro.

9 Metti per iscritto

Fa' un elenco di tutto ciò che al momento ti stressa e poi inizia a pensare a come potresti affrontare ogni voce. Se vuoi, mostrala a qualcuno di cui ti fidi e che può aiutarti e valutare le tue opzioni. Scrivere è un ottima strategia anche per liberarti dell'ansia e pensare a mente più lucida. Magari potresti ritagliarti qualche minuto al giorno per segnarti i pensieri stressanti e concederti di preoccuparti solo in quel momento.

10 Capisci quando chiedere aiuto

Se l'ansia non migliora e inizia a influenzare la vita di tutti i giorni, parlane con i genitori, gli insegnanti o un medico che sapranno consigliarti dove andare per farti aiutare. Esistono tante associazioni che hanno esperienza nel supporto di persone ansiose e sapranno sostenere anche te. Ricordati: non sei l'unico caso, perciò non soffrire mai in silenzio.

SUPERARE IL TRADIMENTO

Come fare quando una persona fidata ti distrugge l'autostima

Il tradimento è una delle sensazioni più dolorose che esistano. Quando lo subisci, può scuoterti nel profondo, minare la capacità di fidarti degli altri e farti sentire vulnerabile.

Il tradimento può assumere tante forme, ma in definitiva accade quando una persona a cui vuoi bene e di cui ti fidi fa qualcosa che ti ferisce nell'intimo. Potresti provarlo se i tuoi si separassero o iniziassero a frequentare altre persone; se un amico spifferasse i tuoi segreti; o se qualcuno ti parlasse alle spalle. Può generare rabbia e dubbi sul rapporto con chi ti ha ferito. E compromettere la tua fiducia nelle persone perché inizi a chiederti se ti tradiranno anche loro.

Perché si ferisce chi si ama?

Non esiste una risposta univoca al perché si tradiscano gli altri. Le persone cambiano, sbagliano. A volte coloro a cui vuoi bene non sono come credi. Tradire significa ferire qualcuno deliberatamente (e quando una persona lo fa, questo rispecchia chi è lei, non il tuo valore); ma a volte potresti provare quel dolore anche quando la persona in questione non intendeva tradirti.

Le persone che tradiscono la fiducia altrui sono spesso sopraffatte dall'ambizione, dall'avidità o dalla passione e, quando non riescono a controllarsi, agiscono in modi che implicano il tradimento di coloro a cui vogliono bene. Per esempio, un'amica che vuole a tutti costi entrare nel gruppo "in", potrebbe rivelare segreti o informazioni che le erano state rivelate strettamente in confidenza.

Quando queste persone sono decise a fare o a ottenere qualcosa, non si fermano davanti a niente... anche a costo di tradire chi è più vicino a loro. Nei rapporti, emozioni molto forti possono cambiare le persone e il loro comportamento.

STRATEGIE PER SUPERARE IL DOLORE DEL TRADIMENTO

1 Non tenerti dentro le emozioni

Non parlare di come il tradimento ti ha fatto sentire potrebbe avere, in futuro, effetti negativi. Per esempio, potrebbe disturbarti il sonno, influire sulla tua salute mentale e impedirti di fidarti degli altri. Subire un tradimento fa male, perciò concediti di piangere, urlare e riflettere sulla situazione per un po'. In circostanze del genere, sentirsi sottosopra è normale.

2 Metti per iscritto

Prenditi il tempo necessario per valutare le emozioni che stai provando e scrivi come ti senti. Potresti anche comporre una lettera alla persona che ti ha ferito, spiegando con precisione quello che provi; ma non inviarla. Aspetta una settimana e, prima di decidere se spedirla o no, rileggila, perché potresti constatare che le tue emozioni sono cambiate. Anche se la lettera è solo per te, scoprirai che anche solo il fatto di scrivere tutto quanto può farti sentire meglio.

3 Evita di contrattaccare

È normale che tu ti voglia vendicare della persona che ti ha tradito, ma non avventarti. Le azioni e le parole motivate da rabbia e dolore sono proprio quelle di cui potresti poi pentirti. Prenditi del tempo per elaborare l'accaduto e rifletti bene sulla situazione. Abbi innanzitutto cura di te.

4 Parla con qualcuno

Discutere della situazione può aiutarti a chiarirti le idee e a iniziare a riprenderti. Se fai fatica a superare il dolore, senti che ti condiziona e non riesci a non pensarci, parlane con un adulto di cui ti fidi: un tutore, una zia o uno zio, o lo sportello psicologico della scuola. Sapranno darti consigli.

5 Perdonare e dimenticare?

Può sembrare difficile, ma, a seconda delle circostanze e di quanto tieni alla persona in questione, puoi decidere di perdonarla, gioverà al tuo benessere. Non significa giustificare ciò che ha fatto; ti permetterà di avere un certo controllo sulla situazione e di andare oltre. Se odio e rabbia albergano nella tua testa per troppo tempo, ti sentirai peggio. Tieni a mente: una persona ti ha tradito? Non significa che lo faranno tutti. Circondati di amicizie sincere. il tradimento accade di rado.

ALZO LE MANI: AVEVO TORTO

Chiunque prima o poi nella vita prende una cantonata o commette un errore, ma allora perché è così difficile ammettere uno sbaglio innocente?

Quando si capisce di aver detto o fatto la cosa sbagliata, ci si può sentire malissimo. Magari hai raccontato un pettegolezzo inesatto sul nuovo compagno di classe, hai detto a un'amica un'informazione che si è rivelata falsa o hai comunicato a qualcuno la data sbagliata di un evento speciale, che perciò si è perso. Qualunque sia il motivo dell'errore, doverlo ammettere, spesso scusandosi, può farti stringere lo stomaco, arrossire e accelerare il battito cardiaco.

Nessuno si diverte ad alzare la mano per dire: "Ho sbagliato". Significa prendersi la responsabilità dell'errore e questo può provocare imbarazzo, vergogna e senso di inadeguatezza. Confessare uno sbaglio mette alla prova l'orgoglio e intacca l'ego. Dire che hai preso un abbaglio significa dover accettare che non hai sempre ragione e non sei un individuo perfetto, il che può metterti profondamente a disagio.

Naturalmente, l'orgoglio in sé non è da condannare. Provare orgoglio per le proprie qualità, le proprie capacità, il proprio aspetto e i propri traguardi è positivo e favorisce una sana autostima. Il problema è quando si ha una concezione esagerata di sé e un orgoglio tale da impedire di ammettere gli errori e assumersene la responsabilità.

"GLI ERRORI SONO SEMPRE PERDONABILI, SE SI HA IL CORAGGIO DI AMMETTERLI"

Bruce Lee

Orgoglio testardo

Quando comanda è l'orgoglio, pensi di avere sempre ragione, anche quando ti dimostrano che sbagli. L'orgoglio è testardo, difende il bisogno di credersi perfetti. Ti può infondere presunzione, e il tuo ego mai riconoscerà di aver fallito. Significherebbe svelare limiti e difetti, e il tuo orgoglio non vuole che accada.

Di conseguenza, c'è chi fa di tutto pur di non ammettere di avere sbagliato. Negare, inventare scuse, attaccare o incolpare altre persone o cose, perché è più facile che guardarsi allo specchio e riconoscere di essere nel torto.

A nessuno piacciono le persone arroganti o "so tutto io", soprattutto se non confessano mai di aver sbagliato. Questa caratteristica poco attraente, il troppo orgoglio per ammettere gli errori, si ripercuote su di te e sugli altri. Può rovinare le amicizie. Mette a repentaglio i rapporti, portando a una perdita di fiducia, amore e rispetto. Porta angoscia e senso di colpa per non aver fatto ciò che ritenevi giusto; e questo, a lungo andare, può a sua volta compromettere la tua autostima.

Forza caratteriale

Immagina di spegnere per un attimo l'orgoglio e concentrarti solo sui dati oggettivi di una situazione che ti ha portato a commettere un errore. Quando guardi la questione da un punto di vista obiettivo, senza conseguenze su di te, di solito risulta chiaro come procedere. Essere capace di dire di aver sbagliato e porgere scuse sincere contribuisce a risolvere una situazione che altrimenti potrebbe protrarsi per anni e macchiare i ricordi.

Ammettere l'errore e assumersi la responsabilità ti permette di andare oltre con la coscienza pulita.

Trovare il coraggio di dire che hai sbagliato sarà come liberarsi di un peso. C'è una certa dignità nel far vedere di saper andare oltre l'orgoglio e fare la cosa giusta. Dimostra integrità, autenticità e forza caratteriale. Mostra che dai più valore al rapporto che all'importanza di avere ragione.

La vulnerabilità e l'umiltà che ne emergono ti renderanno più avvicinabile. La gente ti guarderà sotto una luce diversa, nuova. Questo ti farà guadagnare rispetto, fiducia e ammirazione, e ti permetterà di crescere per diventare una persona più completa.

Quindi, non temere di sbagliare e non farti frenare dall'orgoglio se devi ammetterlo. Sei un essere umano che sta percorrendo un viaggio bello, ma a volte impegnativo, che ti metterà spesso alla prova. Tieni a bada l'orgoglio, abbi il coraggio di fare ciò che ti sembra giusto e impara dall'esperienza.

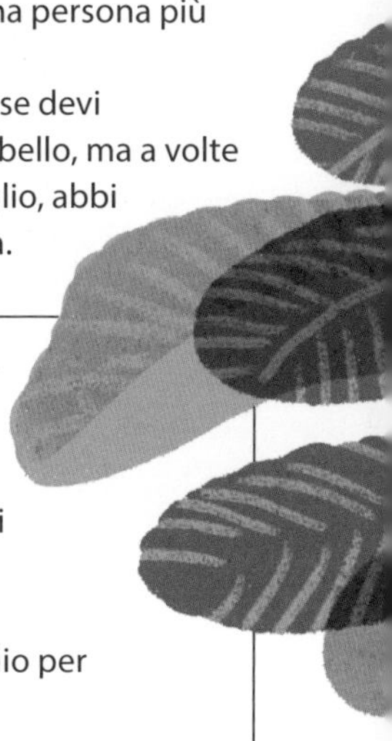

TEMPO PER RIFLETTERE

Prenditi qualche momento per ripensare a quando l'orgoglio ti ha impedito di dire o fare la cosa giusta...

- Quando è stata l'ultima volta che hai provato troppo orgoglio per prendere atto di un errore e riconoscere di essere in torto?
- Che cosa è (o non è) accaduto perché non hai ammesso di aver detto o fatto la cosa sbagliata?
- Come ti ha fatto sentire?
- Che cosa avresti potuto dire per cambiare la situazione?

DISTINGUITI DALLA MASSA

Tu pensi con la tua testa? I genitori, i social, gli insegnanti, le amicizie, la televisione... con tutti questi influssi dall'esterno, come si fa a sapere a chi credere e chi ha ragione? Ecco perché, a volte, mettere in discussione chi ci circonda può essere un bene

Certi giorni ti sembra che tutti ti dicano che cosa pensare. Può trattarsi dei tuoi genitori, dei tuoi amici, della pubblicità in televisione, dei libri e dei social: tutti ti dicono come vestirsi, che cosa comprare, chi ascoltare e chi seguire.

Ogni tanto è importante fare un passo indietro e riflettere sulla provenienza di certi influssi. Non significa che devi essere del parere opposto solo per distinguerti, o che tutte le tue idee debbano essere originali; ma che le tue convinzioni e opinioni, qualunque esse siano, sono state ben ponderate, da te. Vuol dire sviluppare il pensiero critico e riflettere su ciò a cui vuoi credere e su chi vuoi diventare.

CHE COS'È IL PENSIERO CRITICO?

Pensare in maniera critica significa farsi domande su tutto. Se una persona espone qualcosa come un dato di fatto, non aver paura di chiederle la fonte delle informazioni. Certo, se interroghi i tuoi insegnanti ogni volta che ti dicono qualcosa, potrebbero infastidirsi un po' (non significa che tu non debba farlo), ma se si parla di opinioni, dovresti poter fare domande liberamente, soprattutto a famigliari e amici.

Non è altrettanto facile quando si tratta di media come la televisione o internet. Se chiedi al televisore dove ha preso le informazioni, sarà difficile che ti risponda. Se senti o leggi qualcosa che non ti convince, fa' ricerche su internet, interroga persone diverse e formati la tua opinione personale.

Se ti piace un certo genere di musica che alle tue amiche o ai tuoi amici non fa impazzire, non lasciare che ti impongano di non ascoltarlo. Se a te piace, come fa a essere spazzatura? E se a loro piace certa musica, non significa che debba amarla anche tu. Prova ad ascoltarla, ma chiediti se la apprezzi solo perché piace a loro.

Perché è importante?

Costruirti opinioni personali non solo ti aiuta a capire ciò che è vero e ciò che è falso, ma a lungo andare ti renderà più felice e interessante. Come sarebbe il mondo dell'arte senza Picasso? O la musica senza i Beatles? Tutti i grandi artisti non sono che persone che hanno deciso di seguire la propria strada.

Imparare a pensare in maniera indipendente ti aiuterà a sviluppare un carattere unico. Stare meno tempo sui social può migliorare la percezione che hai di te e toglierti il bisogno di ricevere consensi su internet. Potresti diventare una persona più forte e autonoma. Perciò ricorda: dubita di tutto, e se una persona ti chiede perché fai sempre domande, tu chiedile perché la cosa non le sta bene!

COME ESSERE UNA PERSONA INDIPENDENTE

1 Sparisci dai radar
Non occorre cancellarti da tutti i social. Potresti pentirtene quando poi nessuno saprà come contattarti. Piuttosto, prova a disintossicarti per un weekend. Anche solo per una settimana, o un giorno, oppure da' un limite al tempo che trascorri su internet.

2 Raccogli informazioni
Non permettere alle opinioni altrui di modificare la tua finché non avrai riflettuto autonomamente. Che si tratti di un'amica che si lamenta di un'altra o la tua star preferita che dice la sua su Twitter, cerca di ottenere più informazioni possibile da persone diverse e usale per formare la tua opinione.

3 Apriti a nuove esperienze
Solo perché i tuoi amici si divertono a fare una cosa, non significa che debba farla anche tu. Provare un nuovo hobby è un'ottima strategia per allargare il giro e può portarti a vivere avventure spassose e interessanti.

4 Diffida delle influenze dei media
Articoli in forma di lista con informazioni in pillole, promozioni nascoste nei video di YouTube, prodotti nei post di Instagram... internet è pieno di informazioni che cercano di influenzare la tua opinione. Se proprio non puoi evitare i media su internet, cerca di analizzare con senso critico ciò che dicono e perché. Osservare la pubblicità può aiutarti a distinguere ciò che apprezzi davvero da ciò ti dicono di apprezzare.

5 Confida in te
Mostrati in maniera autentica. Ti diranno che sbagli o che quello che fai è strano o diverso, ma ricorda che la stranezza per qualcuno è fascino per qualcun altro. Gli interessi che altri non condividono possono portare agli hobby più gratificanti.

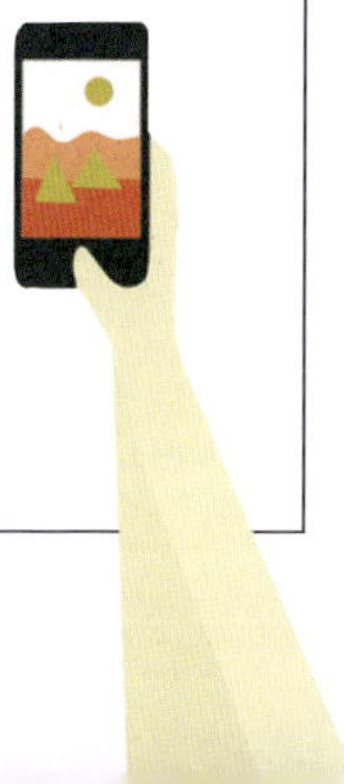

IL RUGGITO DI UN LEONE

Il leone è simbolo di forza, coraggio, onore, nobiltà e orgoglio fin dai tempi più antichi, con il suo ruggito udibile fino a otto chilometri di distanza. La posa del leone, nota come Simhasana in sanscrito, è un potente esercizio di respirazione che ti aiuta a esprimerti e a farti valere

Come eseguire la posa del leone:

1 Inginocchiati sui talloni, con la schiena dritta ed eretta, le spalle bene aperte all'indietro e i palmi appoggiati sulle cosce, sopra al ginocchio, con le dita aperte come gli artigli di un leone.

2 Inspira fino alla punta della testa, tenendo la colonna vertebrale dritta, le spalle indietro, il petto aperto.

3 Espirando, piega delicatamente il corpo in avanti, spalanca la bocca, tira fuori la lingua allungandola e appiattendola verso il basso, emettendo un forte "Ah". Mentre la lingua esce e si abbassa, lo sguardo corre verso il cielo attraversando il centro degli occhi..

4 Al termine, tira dentro la lingua, chiudi la bocca, riporta lo sguardo avanti a te e raddrizza la schiena in posizione seduta eretta.

5 Ripeti questa respirazione per cinque o dieci volte e osserva come ti senti.

Divertiti con questo esercizio di respirazione e con il tuo corpo. Una variante consiste nel praticare la respirazione come descritto sopra, ma con le ginocchia divaricate e i palmi sul pavimento (con i polsi girati in modo tale che le dita puntino verso il corpo). Inspirando, inclina il corpo in avanti, spingendo all'ingiù sulle braccia. Poi, espirando, tira fuori la lingua allungandola e appiattendola verso il basso.

"INSPIRO IL CORAGGIO ED ESPIRO LA PAURA"

Anonimo

DI' DI NO

Resistere alla pressione sociale può essere arduo, ma non è impossibile. Fatti valere e abbi fiducia nella persona che sei e nei tuoi desideri

Pettinarsi in una certa maniera, dire cattiverie a una compagna di classe, mentire o bere alcolici: a un certo punto della vita ti sentirai spingere verso una determinata scelta da una o più persone care. Che tipo sei tu? Dici di sì per il quieto vivere, cedi e fai quello che ti chiedono, oppure dici di no e segui ciò che ritieni giusto?

Gran parte delle persone tue coetanee, ovvero di chi ha la tua età, avrà un'influenza enormemente positiva sulla tua vita senza che nemmeno tu te ne accorga: fungeranno da esempi positivi e ti aiuteranno. Ma ce ne saranno altre che inizieranno a spingerti a fare cose che magari non vuoi fare. Può essere difficile dire di no, specialmente se vuoi entrare in un gruppo. C'è chi dice di sì per paura di perdere le amicizie o perché non vuole far rimanere male nessuno; o addirittura perché non ha un'idea precisa di che cosa vuole davvero. Tutti prima o poi cedono alla pressione, ma, a meno che tu non voglia arrenderti tutte le volte che devi affrontarla, è buona cosa imparare a gestirla.

NON PREOCCUPARTI DI CIÒ CHE PENSANO GLI ALTRI

Impara a conoscerti. Che cosa ti piace veramente? Quali sono le tue speranze, i tuoi sogni, le tue ambizioni? Fai una cosa perché lo vuoi o per compiacere o stupire un'altra persona?

Non leggere nel pensiero. Non puoi sapere che cosa pensano gli altri, e probabilmente pensano a te meno di quanto immagini.

Lascia perdere la perfezione. Fare e dire tutto nel modo corretto non è una strategia per ottenere rispetto e apprezzamento; è la fiducia in sé che di solito rende popolari.

BEER
BEER
BEER
BEER

QUALCHE DRITTA PER GESTIRE SITUAZIONI COMPLICATE DI PRESSIONE SOCIALE

1 Di' di no

È un'ovvietà, ma può essere dura. Se una richiesta ti mette a disagio, di' di no e motivala con un'affermazione come: "Sto bene così, grazie". Se insistono, dillo con assertività, ma senza aggredire. Se l'amicizia è vera, non avanzeranno pretese.

2 Allontanati

Se dire di no non fa per te, allontanati dalla situazione. Ricorda i motivi per cui non vuoi farti coinvolgere e tieni fede alle tue convinzioni. Se il gruppo sta facendo qualcosa, può farla anche senza di te. Non abboccare alla frase: "Lo fanno tutti". Non è così.

3 Coalizzati

Se sei a disagio, probabilmente lo sarà anche qualcun altro, e forse starà sperando che ci sia una persona nella sua stessa situazione, ma più coraggiosa. Avere una spalla, capace di dire di no e di sostenere anche te, aiuta, perciò se qualcuno dice di no, tu appoggia la sua posizione. Altrimenti, abbi tu il coraggio di parlare: chi tiene davvero a te ti ringrazierà. È utile usare parole che ti mettono in relazione con altre persone del gruppo: "Noi non vogliamo..." oppure: "Facciamo qualcos'altro" o anche: "Lasciatela stare, ha detto che non ne vuole".

4 Fatti valere

Se puoi, fa' sapere alla persona che continua a insistere come ti senti. Alzati in piedi, guardala negli occhi e dille perché non vuoi fare ciò che ti chiede. Non devi inventarti scuse per giustificare come la pensi. Spesso è popolare chi non ha paura di dire ciò che prova o di fare ciò che vuole.

5 Tacita pressione

Certe persone si sentono sotto pressione anche solo stando in mezzo ad altre, vedendo come si comportano, come si vestono e si truccano, e si convincono di doversi uniformare. Può darsi che tu ammiri star o parenti che, per esempio, fumano o bevono e senti di dover assomigliare a loro. Ricordati: tu sei un individuo autonomo e hai il controllo su ciò che scegli. Sii sempre tu!

6 Sta' alla larga dalle situazioni stressanti

Evita di ritrovarti con persone che sai potrebbero farti pressione. Lo stesso vale per le situazioni rischiose. Per esempio, se c'è una festa con alcol e droga e tu sai che potrebbero spingerti ad assumerne o a fare qualcosa che non vuoi, trova una scusa per non andarci.

7 Scegli bene le amicizie

Ti sarà capitato di sentirti dire: "Scegli bene le amicizie". È importante selezionare persone con la tua stessa morale e i tuoi stessi valori... e, soprattutto, che non ti obblighino a fare nulla che non vuoi. Se non rispettano la tua volontà, potrebbe essere il caso di riflettere sul tuo gruppo e trovare qualcuno che invece lo fa. Ti meriti persone che ti ascoltino e si prendano cura di te.

8 Sii il tuo migliore amico o amica

Abbi fiducia in chi sei e confida nei tuoi valori e nelle tue scelte. Impegnati per essere la versione migliore di te, invece di volerti uniformare agli altri. Se ti senti in obbligo e fatichi a dire di no, trova un amico o un'amica, un parente o un insegnante e spiega la tua situazione. Ricevere consigli fa bene.

9 Incoraggia la pressione sociale positiva

A volte, la pressione sociale si può sfruttare a fin di bene, per esempio per spronare i bulli a trattare meglio le persone o per motivare qualcuno a sostenere una causa in cui credi molto. Ripensa a una volta in cui ti hanno incoraggiato a fare qualcosa di buono per te o a evitare qualcosa di negativo. In che modo tu e il tuo gruppo potete sfruttare la pressione positiva per aiutarvi a vicenda?

GELO

Come comportarsi quando un'amica o un amico inizia a ignorarti?

È un'esperienza diffusa: la settimana scorsa, tu e la tua amica stavate insieme dopo la scuola, organizzavate il fine settimana e continuavate a scrivervi. A un tratto, la tua amica a malapena si accorge che esisti; non risponde ai messaggi e a scuola ti evita.

Perché succede?

Quando esiste un motivo chiaro, questo comportamento è facile da capire, anche se non da affrontare: per esempio, se avete litigato. È più difficile invece quando la freddezza scaturisce dal nulla. Tu scorri le conversazioni sul telefono e scavi nei recessi della tua mente alla ricerca degli indizi di un qualche problema recente... ma fai un buco nell'acqua. Che cosa succede?

È importante rendersi conto che un'amicizia, come qualsiasi rapporto, ha i suoi alti e bassi. A volte, un gelo improvviso può essere uno di quei bassi. Fa male, certo, ma magari è una fase del naturale andamento dell'amicizia. Detto questo, le tue emozioni contano, perciò è importante capire che cosa stia succedendo e come fare per migliorare la situazione o, se non si può, tutelarti.

Come faccio a sapere se mi stanno ignorando?

Si può subire il gelo in molte forme diverse. Questa persona ti ignora? Non risponde né ai messaggi né alle chiamate? Ti passa davanti senza dire una parola, in mezzo a un gruppo si volta dall'altra parte e parla esplicitamente di cose o eventi che non includono te? Essere evitato, sia in pubblico che in privato, può farti provare rabbia e umiliazione.

È più complicato interpretare situazioni che hanno a che fare con il ritardo, per esempio quando qualcuno impiega più tempo del solito a rispondere, oppure quando proponi di fare qualcosa insieme e ricevi risposte vaghe e non entusiaste.

Se capita solo una o due volte, non ha senso farsi prendere dall'ansia; dopotutto, capita a tutti di avere la batteria scarica o di dover controllare l'agenda prima di dare una risposta definitiva.

Allo stesso modo, se ti trovi faccia a faccia e la persona in questione si comporta in maniera poco naturale o sembra ricorrere a scuse per terminare l'incontro, non agitarti: magari ha altri pensieri per la testa. Se inizia a emergere uno schema ricorrente, però, forse quella persona sta intenzionalmente facendo un passo indietro rispetto alla vostra amicizia. In ogni caso, valuta tutto con attenzione prima di saltare alle conclusioni.

Che problemi sta affrontando?

Nonostante il dolore e il senso di abbandono che la situazione ti provoca, cerca per un attimo di metterti nei panni dell'altra persona. Potrebbe essere che stia passando un periodo pieno di impegni o stressante? Si è chiusa in sé stessa perché c'è qualcosa che le reca angoscia? Anche se non avete litigato, hai detto o fatto qualcosa che si è ripercosso su di lei? Ripensa alle tue azioni in maniera oggettiva: un gesto che tu consideri innocuo è forse stato interpretato diversamente.

Che cosa dovrei fare io?

Scagliare accuse contro la persona in questione per averti ignorato potrebbe peggiorare la situazione. Dunque, per quanto l'idea di bombardarla di messaggi e domande sia allettante, è meglio lasciarle spazio. Al posto di un atteggiamento che potrebbe essere percepito come di difesa o aggressivo ("Perché mi stai ignorando?"), prova qualcosa di simile a: "Non è da te fare così. Va tutto bene?" Così darai a quella persona l'occasione di spiegarti la situazione. Se non vuole parlarne, forse è il caso di fare un passo indietro per un po'.

In tutto ciò, non dimenticare di tutelarti. Concedere spazio e tempo a una persona a cui tieni è un gesto premuroso, ma intanto chi pensa a te? Non devi occupare il tempo e lo spazio che le dai a stare in pensiero per lei.

Dedicare del tempo a te e a ciò che ami è sempre importante, ma lo è soprattutto quando devi proteggerti da questioni che non puoi controllare. Contatta altri amici e amiche, coltiva altri hobby, concediti altri piaceri. Va' avanti con la tua vita.

Rimuginare, ossessionarti e controllare i social non sono comportamenti ideali in questo momento. Non dare per persa l'amicizia, ma non lasciare che la situazione ti consumi o che definisca questo momento della tua vita.

Che cosa puoi imparare?

Dalle difficoltà di ogni relazione si possono trarre lezioni di vita. Una su tutte: non puoi controllare il comportamento altrui.

Queste situazioni, inoltre, ti danno l'opportunità di analizzare il tuo, di comportamento, su cui invece il controllo ce l'hai. Ti capita mai di allontanare le persone per paura che ti abbandonino per prime? Le tue amicizie sono equilibrate o spesso ti trovi in una posizione in cui senti di avere minor "potere"? Questo periodo di separazione dall'altra persona è un ottimo momento per cercare andamenti ricorrenti e pensare a strategie per modificarli.

"AMICHE E AMICI FALSI CREDONO ALLE VOCI, AMICHE E AMICI VERI CREDONO IN TE"

Anonimo

Quando tornare a parlarsi

In gran parte dei casi, il gelo è temporaneo. Se tieni ancora all'amicizia e vuoi che continui, fa' sì che le prime interazioni successive siano faccia a faccia: i messaggi sono facilmente fraintendibili.

Spiega con sincerità come ti ha fatto sentire ciò che è successo. Se sai di non aver fatto nulla di male, non scusarti solo per far tornare tutto alla normalità, perché contribuiresti a creare una dinamica di squilibrio in futuro; e, probabilmente, prepareresti il terreno per altri episodi di colpevolizzazione.

Se, però, capisci di avere un certo grado di colpa, riconoscilo, assumitene la responsabilità e porgi scuse sincere. È un'occasione per far ripartire l'amicizia, farla funzionare per tutt'e due e guardare al futuro.

PARLA CON ME!

Come si inizia a chiacchierare con qualcuno che non conosci?

Incontrare persone nuove può mettere a dura prova i nervi, soprattutto se sei un tipo timido. Magari credi di doverti presentare come l'anima della festa o ti senti in obbligo di mostrarti interessante e divertente, ma la verità è che quasi tutti, tra gente nuova, si sentono in soggezione. Certe persone sono semplicemente più brave a dare un'immagine sicura di sé... e puoi diventarlo pure tu. Anche se non hai tanta autostima, puoi imparare a comportarti come se ce l'avessi, finché, con l'approfondirsi della conoscenza, non ti verrà spontanea.

Il modo per cominciare a parlare dipende dalla situazione. Se sei in un gruppo, per un po' ascolta e poi fai domande su ciò di cui si sta discutendo. Se siete solo tu e un'altra persona, o tu o lei dovrete avere il coraggio di avviare la conversazione. Qualche spunto utile ti tornerà comodo. Non occorre avere il copione, ma giusto qualche frase per non sentirti fuori luogo in quelle situazioni imbarazzanti..

CHE COSA DEVO DIRE?

Parlare con persone sconosciute non deve per forza spaventarti. Ecco qualche idea per cominciare...

Prova a fare un complimento e poi una domanda a riguardo

* Che bella maglietta. Posso chiederti dove l'hai presa?
* Hai dei capelli stupendi. Da che parrucchiere vai?
* Mi è piaciuta la tua presentazione in classe, l'altro giorno. Eri in tensione?
* Vai sempre bene in francese. Qual è il tuo segreto?

Rompi il ghiaccio

* Come sta andando la giornata?
* Come ti sembra la festa per ora?
* Come vi siete conosciuti/e?
* C'è un tempo orribile, vero?
* Arrivi da lontano?

Trova le cose che avete in comune

* È la prima volta che vieni qui?
* Qual è il tuo sport preferito?
* Che scuola/università frequenti
* Qual è la tua vacanza dei sogni?
* Che musica ascolti?
* Che cosa vuoi fare quando finirai di studiare?

Le domande che iniziano con "Preferiresti..." sono un metodo infallibile per conoscere le persone

* Preferiresti vincere alla lotteria o avere dei superpoteri?
* Preferiresti vivere in un paese caldissimo o freddissimo?
* Preferiresti rinunciare per un anno a internet o alle tue amicizie?
* Preferiresti saper volare o leggere nel pensiero?
* Preferiresti mangiare solo cioccolato per tutta la vita o non mangiarne mai più?

QUALCHE DRITTA PER CHIACCHIERARE

1 **Presentati, se necessario**
Pensa a come l'altra persona ti percepirà. Se non la conosci, presentati con un sorriso e con un viso amichevole, rilassa la postura, fa' caso al linguaggio del corpo, guardala negli occhi e mostra che la stai ascoltando con interesse. A tutti piace sapere che le storie che raccontano vengono apprezzate.

2 **Mostra sicurezza**
Potresti iniziare a balbettare se provi nervosismo, senti di annoiare o di non essere abbastanza importante per parlare con qualcuno. Cerca di rilassarti e tieni a mente che pure l'altra persona potrebbe sentirsi nervosa; e anche se incespichi nel discorso, nessuno se lo ricorderà. La gente non si affretterà a giudicarti, anzi, sarà felice di chiacchierare.

3 **Ascolta!**
È importante ricordare che essere interessante non significa sempre fare un grande impatto sulle persone o raccontare le storie migliori; significa invece fare una buona impressione, partecipare alla discussione e anche saper ascoltare. Non preoccuparti se la conversazione non è il tuo forte: fa' domande e fungi da cassa di risonanza.

4 **Rispolvera le conoscenze**
Se conosci già le persone che incontrerai, ma non le vedi da tanto, da' un'occhiata ai loro profili social per vedere che cosa combinano e usa qualsiasi cosa abbiano pubblicato per conversare. Il tuo interessamento sarà gradito.

5 **Ultim'ora**
Anche tra persone che non conosci, per cominciare una conversazione dovresti saper parlare di una notizia recente. Potresti provare con: "Che cosa ne pensi di...?" o: "Hai sentito che...?" Il tempo è sempre un argomento gettonato, soprattutto tra gli inglesi, che amano lamentarsene!

6 **Abbi tatto**
Dovresti capire subito se l'altra persona è interessata alla conversazione. Magari non vuole parlarne o le tue domande la mettono a disagio. Abbi l'accortezza di cambiare argomento, oppure, se non funziona, prendi atto che non è particolarmente loquace... o amichevole.

VAI SOTTO I RIFLETTORI

Si tratti di canto o di giocoleria, esibirsi su un palco mette alla prova sia i nervi che il talento. Superare la paura può darti una carica di autostima

Il pensiero di esibirti su un palcoscenico ti riempie lo stomaco di farfalle che guizzano per una leggera apprensione oppure di pipistrelli che svolazzano frenetici in cerca di una via di fuga? Nessuna delle due? Forse perché per tanti è un misto di preoccupazioni sulle proprie capacità e di eccitazione al pensiero di offrire un grande spettacolo. Accantoniamo tutto ciò, perché è stato dimostrato che mettersi in gioco nel mondo artistico aumenta l'autostima e aiuta a farti diventare la persona che aspiri a essere.

Ci sono molti motivi per cui le persone hanno paura di esibirsi, tra cui la preoccupazione di non avere talento, la timidezza, il timore di dimenticarsi battute o passi di danza, e perfino il dubbio che valga la pena mettersi in gioco con le arti dello spettacolo. Ma chiunque si esibisca sul palco o sullo schermo inizia da una situazione simile, e molti artisti di successo, tra cui le cantanti Adele, Beyoncé e Rihanna e gli attori Keira Knightley e Stephen Fry, hanno provato nella loro carriera il panico da palcoscenico. Ogni nuova sfida fa emergere incertezze e insicurezze. L'importante è riconoscere quelle emozioni e poi fare comunque il primo passo.

Fuoriclasse

Se la tua scuola non offre corsi di teatro, prendi in considerazione l'idea di iscriverti a canto, a teatro o a danza. Il National Youth Arts Trust in Gran Bretagna, finanziato da attori come Ewan McGregor, contribuisce a garantire l'accesso alle arti dello spettacolo e assegna borse di studio a giovani le cui famiglie vivono in ristrettezze.

PERCHÉ ESIBIRSI

* Accresce l'autostima e la sicurezza.
* Migliora le abilità di comunicazione e di presentazione.
* Stimola l'immaginazione e la creatività.
* Ti aiuta ad affrontare le situazioni difficili..
* Ti fa superare timidezza, insicurezza e paura.
* Ti aiuta a diventare più resiliente e aumenta l'autodisciplina.
* Migliora la coordinazione e l'intraprendenza.
* Ti incoraggia a credere di più in te e a goderti la vita.
* Ti dà la soddisfazione di migliorare e di condividere con altri il tuo talento.

TUTTO SUL PANICO DA PALCOSCENICO

Se prima o durante un'esibizione il nervosismo quasi ti paralizza, ecco che cosa puoi fare...

* Respira. Inspira ed espira lentamente.
* Fa' dei saltelli per qualche istante per scrollarti di dosso l'ansia.
* Prima di un'esibizione, rilassati, mangia sano e dormi a sufficienza.
* Considera il pubblico un gruppo di amici meravigliosi che vogliono che tu abbia successo.
* Invece di pensare a ciò che potrebbe andare storto, pensa positivo e convinciti di avere tutto ciò di cui hai bisogno per dare il meglio di te.
* Sbarazzati della paura concentrandoti sul piacere di esibirti e sul divertimento che stai offrendo al pubblico.
* Fare pratica migliora la preparazione. Più ti preparerai, meglio ti esibirai.
* Sii sempre tu. Recitare ti consente di vestire i panni di tanti personaggi diversi, ma non dimenticare di far trasparire la tua personalità.

Guardati intorno
Su internet si possono trovare dozzine di gruppi e società di arti dello spettacolo. Visita il National Youth Arts Trust su nationalyouthartstrust.org.uk e l'ente benefico Performing Arts Children su pachildrenscharity.org.uk.

LEGGERE A VOCE ALTA

All'idea di leggere ad alta voce, davanti alla tua classe, ti prende la timidezza o un senso di calore e felicità, ricordando di quando ti leggevano storie prima di andare a dormire? Magari un po' e un po'. Ma sapevi che questo semplice esercizio può accrescere la tua fiducia, farti ridere e perfino migliorare la memoria? Prova a recitare questo...

Prova a recitare questo...
Se vai dalla zia Mabel a bere il tè,
Giù i gomiti dal tavolo, guai a te,
Pulisci sempre i piedi se torni dal giardino,
E scusati se mai ti scappasse un ruttino.

Jeanne Willis, *Poems To Perform*

STAI GIÀ SORRIDENDO? ECCO ALTRI MOTIVI PER LEGGERE AD ALTA VOCE

1 Leggendo ad alta voce presti molta più attenzione alle parole sulla pagina rispetto a quando leggi a mente. Pensa a quando fai una pausa (perché il pubblico si metta in ascolto), a quando acceleri (per intensificare l'azione), a quando aumenti il volume della voce (per enfatizzare quello che dici).

2 Migliori nell'ascolto, quindi riesci a sentire davvero ciò che dici, e questo può portarti a scoprire la tua voce autoriale.

3 Leggere ad alta voce è un ottimo esercizio per imparare a parlare in pubblico, poiché ti aiuta a scandire le parole e a sentirti meno in imbarazzo davanti alle altre persone..

4 Quando leggi ad alta voce ciò che hai scritto di tuo pugno, riesci a individuare gli errori che ti sono sfuggiti: una virgola mancante, un passaggio noioso, una parola sbagliata.

5 Quanto più lo farai, tanto più migliorerà la tua memoria fotografica, cioè la capacità di vedere immagini nella mente.

SEI IN UNA POSIZIONE COMODA? ALLORA COMINCIAMO...

* Inizia con qualche frase tratta da un libro o da una poesia che ti piace. Una volta che avrai cominciato a leggere, ti sorprenderà la rapidità con cui la tua voce acquisterà forza e sicurezza. Magari prima che diventi fluida e naturale ci vorrà qualche tentativo, perciò non preoccuparti se all'inizio incespichi.
* Per pronunciare distintamente le parole, pensa alla forma della bocca e a come si muove. Prova a registrarti. È come ti immaginavi? Parli con chiarezza? O le parole si confondono l'una con l'altra?
* Decidi che cosa leggere a seconda dell'umore. Se vuoi tirarti su, scegli un libro che ti infonda calore e gioia. Se vuoi un po' di allegria, trova un autore o un'autrice che sappia farti sorridere.

QUANDO RECITARE UN TESTO

1 Per sentirti più audace

Se cerchi ispirazione o coraggio, la lettura ad alta voce è uno strumento potente.

«Se dovesse mai arrivare il giorno in cui non potremmo più essere insieme... c'è qualcosa che devi sempre ricordare. Tu sei più coraggioso di quanto credi, più intelligente di quanto pensi, e più forte di quanto sembri».

Winnie-the-Pooh

Il coniglietto di velluto di Margery Williams nasconde tra le sue pagine un forte messaggio su come imparare a essere persone vere. Se lo leggi ad alta voce, diventa ancora più potente. Prova. Che ne pensi?

«Non succede di colpo» disse il Cavallino di cuoio. «Lo diventi. Ci vuole molto tempo. Per questo non capita spesso alle persone che si rompono facilmente o che hanno bordi taglienti o che devono essere custodite con cura. Di solito, quando finalmente diventi Vero, sei stato amato al punto che gran parte del manto è venuta via a furia di carezze, gli occhi ormai ti si staccano, le giunture sono lente e sei tutto logoro. Ma queste cose non hanno nessuna importanza, perché una volta diventato Vero non puoi essere brutto, se non per le persone che non capiscono».

2 Per divertirti in gruppo

Che ne diresti di una serata di racconti di fantasmi? A Foot in the Grave di Joan Aiken e Jan Pienkowski racchiude otto storie inquietanti di vendette spettrali, infestate di spiriti maligni e misteriosi eroi. Un pigiama party è l'occasione perfetta per leggersi ad alta voce storie da brivido, divertenti e non così spaventose se hai vicino amici e amiche.

"PIÙ LEGGI, PIÙ COSE SAPRAI. PIÙ IMPARI, IN PIÙ POSTI ANDRAI"

Dr. Seuss, *Posso leggere con gli occhi chiusi*

3 Come esercizio per la scuola

Provi calma quando è il tuo turno per alzarti e parlare? Non c'è niente di più efficace di uno scioglilingua per sgranchirti la bocca, o di una filastrocca assurda per farti sorridere. Il fantastico libro *Poems To Perform* di Julia Donaldson contiene entrambe le cose.

Burro giallo, marmellata viola e rossa, pane nero.
Spalma la fetta,
Dillo in fretta,
Burro giallo, marmellata viola e rossa, pane nero.
Ora ripeti,
Con la fetta tra i denti,
Burro giallo, marmellata viola e rossa, pane nero.
Non si parla
Con la bocca piena!

Mary Ann Hoberman, *Poems To Perform*

4 Per imparare ad amare le lingue

Hai un'amica che non parla italiano? Invitala a casa tua e chiedile di leggerti ad alta voce qualcosa nella sua lingua. Non importa se sembra ostrogoto. Ascolta il flusso delle parole e prova a vedere se riconosci suoni ricorrenti. Prova tu a leggere qualcosa in un'altra lingua. Solo per osservare la bellezza delle parole e il suono che producono.

UN ARGOMENTO DELICATO

Ti arrabbi facilmente o ti ritrovi a preoccuparti di ciò che gli altri hanno detto di te, credendo che siano critiche? Hai spesso la fastidiosa convinzione che ti parlino alle spalle? Se è così, forse sei una persona emotivamente molto sensibile. Dunque potresti vivere le esperienze provando emozioni e sensazioni amplificate, che non è per forza una cosa brutta, ma a volte può portarti a preoccuparti più del dovuto perché dai interpretazioni troppo profonde alle situazioni. Continua a leggere per scoprire come sfruttare la sensibilità a tuo vantaggio...

GESTISCI LA TUA SENSIBILITÀ

1 **Riconosci di essere molto sensibile**
Accetta di essere una delle tante persone che per natura sono sensibili: fa parte di te. Se ti ritrovi a preoccuparti della gente che ti parla alle spalle, di ciò che qualcuno ti ha detto o di come l'ha detto, ricordati anche che potrebbe anche essere dovuto al fatto che sei sensibile; e prenditi un momento per ripensare se forse non stai interpretando la situazione nel modo sbagliato.

2 **Individua che cosa ti fa scattare**
Cerca di capire ciò che ti fa agitare in certe situazioni. Si tratta di persone particolari, gruppi di amici, determinati argomenti, o succede quando qualcuno discute di un tratto della tua personalità o commenta il tuo aspetto? Se riesci a individuare un andamento ricorrente, puoi trovare un modo per gestire la dinamica, e anche per prepararti meglio per quelle situazioni.
Chiediti che cosa di preciso ti preoccupa, che cosa ti infastidisce, e valuta se la tua reazione è spropositata. Devi smettere di frequentare le persone che ti fanno arrabbiare di più oppure comunicare loro l'impatto che quei commenti hanno su di te? Forse vale la pena chiedere a una persona fidata se stai dando troppo peso a una determinata situazione.

3 **Sviluppa la resilienza**
Avrai già sentito l'espressione "avere la scorza dura". Significa saper ricevere insulti, critiche e commenti sgradevoli senza farsi prendere dall'emotività. Vuol dire mantenere la calma e non scomporsi se le cose non vanno bene. A volte, la scorza dura è una strategia per non permettere alle situazioni di influenzare te e la tua salute mentale. Ma a volte si tratta di trovare un equilibrio, e se qualcuno è crudele o prepotente con te, comunicalo a una persona di cui ti fidi e sappi che in quel caso la tua reazione è giustificata.

4 **Abbassare la sensibilità**
Se qualcuno esprime giudizi su di te che ti fanno arrabbiare, tu puoi scegliere. Puoi infuriarti, prendendo critiche e commenti per veri. Un'altra opzione è considerare che si tratta del parere di una singola persona (probabilmente sgradevole, se ti prende in giro) e cercare di non farti influenzare. Se però le cattiverie si protraggono e senti che quella persona ti sta bullizzando, è il caso di parlarne con qualcuno: un famigliare fidato, un insegnante, il medico o l'infermeria della scuola.

5 Impara a preoccuparti solo del tuo parere

È importante capire che ciò che importa è solo quello che pensate tu, le amiche e gli amici più stretti e la tua famiglia. Magari credi che una certa persona dall'altra parte della stanza stia parlando di te; ma anche se fosse? Non puoi cambiare l'opinione che ha di te, ma puoi cambiare la tua reazione. Impara a non dare peso alle azioni delle persone che nella tua vita non contano.

6 Capisci quando tacere

Esercitati a lasciarti scivolare addosso i commenti e a non rispondere ogni volta che qualcuno dice qualcosa che ti offende o che ti fa alterare. Potrebbe non rendersi conto degli effetti delle sue parole. Se si tratta di persone di mentalità ristretta o di un commento non inteso a offendere, lascia cadere le parole e dimenticale. All'inizio sarà difficile, ma più ti allenerai, più diventerà un'abitudine.

7 Trova il modo di placare la mente

Se ti ritrovi a pensare troppo, cioè a gonfiare le cose a dismisura o a ingigantire problemi di poco conto, ricordati che è proprio questo che stai facendo: stai esagerando. Esserne consapevole ti aiuterà a trovare pace. Renditi conto che sei una persona che si sente facilmente sopraffatta, perciò pianifica ogni giorno dei momenti di riposo. Inoltre, sappi che potresti dover scendere a compromessi: se a te dà fastidio il baccano, non è che allora tutti debbano stare in silenzio. Se il rumore che fanno gli altri ti urta, prova a spostarti in un'altra stanza o a uscire a fare una passeggiata.

8 Impara a capire quando non curarti delle opinioni altrui

Alcune delle persone più felici e di successo sanno che preoccuparsi troppo può nuocere alla salute e compromettere il raggiungimento degli obiettivi. Ci vorrà tempo, ma tu impara a credere in te e a non cercare l'approvazione degli altri; e fidati della tua capacità di prendere buone decisioni. Se dai troppo peso alle opinioni altrui, impedirai al tuo io più autentico di emergere e non riuscirai ad accettarti. Certo, ci sono momenti in cui la sensibilità serve, ma in altri puoi lasciarti andare, goderti la vita senza preoccuparti di ciò che la gente pensa o fa.

VOLER SPROFONDARE

Ciascuno di noi li ha avuti: quei momenti di terribile imbarazzo quando vorresti solo sprofondare sottoterra. Non puoi impedire alle guance di avvampare, ma esistono strategie per gestire le situazioni imbarazzanti

Ti è mai capitato di ritrovarti in una circostanza imbarazzante? Quei momenti sgradevoli in cui ti senti morire? Magari mentre andavi a piedi a scuola hai salutato una persona credendo di conoscerla, e alla fermata dell'autobus l'hanno visto tutti. Oppure, in classe, per un attimo di distrazione hai chiamato l'insegnante "mamma". Quando ti ritrovi nel bel mezzo di un momento d'imbarazzo, vorresti essere ovunque ma non lì. Prova però a ricordare che non succede solo a te: a chiunque è capitato di sentirsi così. Ecco qualche consiglio che ti tornerà utile la prossima volta che ti si impiglierà la gonna nelle mutande o che inciamperai in mensa...

1 **Ti è concesso di sbagliare**
Accetta il fatto che commetterai degli errori. Nessuno è perfetto. Gli sbagli fanno parte della vita, sono esperienze necessarie per apprendere, se vuoi crescere e andare avanti con più fiducia in te. Ripensa a quando hai visto una persona mettersi in ridicolo. Come hai reagito? L'hai aiutata a riderci sopra o l'hai fatta sentire in colpa? Sii il tuo migliore amico o amica, perdonati e lasciati andare.

2 **Non ti stanno guardando... anzi, neanche si interessano di te**
Il motivo principale per cui qualcuno si sente in imbarazzo è perché altre persone hanno notato l'errore. Ma prima di dare in escandescenze, guardati intorno. Qualcuno sta facendo caso a te? Ha visto quello che hai fatto o sentito quello che hai detto? Se la risposta è no, non c'è nessun bisogno che tu lo rimarchi.

3 **Accetta di sentirti in imbarazzo**
Se invece è evidente che tutti gli occhi sono puntati su di te, non farti prendere dal panico. Riconosci di sentirti in imbarazzo e dillo. Non c'è niente di meglio che ammettere un'emozione per smorzare il potere che questa ha su di te. In più, renderai chiaro a tutti il tuo stato d'animo, ed esplicitandolo prima di loro romperai le uova nel paniere a chi ha intenzione di fare battute cattive. Certe persone saranno addirittura gentili e cercheranno di farti sentire meglio.

4 **Chiedi scusa**
A volte le figuracce accadono nei momenti peggiori. Se la tua gaffe ha fatto arrabbiare qualcuno o ha causato problemi, assicurati di assumertene la responsabilità e di scusarti. Ma non farla diventare una questione più grande di quello che è. Spiega il motivo per cui credi che sia successo e chiedi scusa una volta sola, con sincerità.

5 **E se continuano a parlarne?**
Le persone tenderanno a dimenticare più facilmente ciò che è accaduto se non ne fai un dramma. Sì, è semplice. Se poi, nonostante i tuoi sforzi, qualcuno ancora non vuole lasciar perdere, prova a riderci sopra anche tu.

6 **Pensa ad altro**
Non permettere a quel momento di rovinarti il resto della giornata (o della vita!). Ascolta una canzone, esci a fare una corsetta, guarda la televisione: tutto, pur di non continuare a rimuginarci sopra. L'attività fisica è ottima per ridurre l'intensità dell'esperienza e ti aiuterà a mettere le cose nella giusta prospettiva.

VAI D'INTUITO

Ascolta l'istinto per migliorare la tua vita

Hai mai avuto una sensazione riguardo a qualcosa che si è rivelata essere esatta? Magari sapevi già dove svoltare mentre andavi da qualche parte oppure avevi il sentore di poterti fidare di una certa persona tra tante o intuivi chi avrebbe vinto una gara?

È difficile dare una definizione di intuito, ma in sostanza è una sensazione di pancia non motivata da alcuna logica. Quando sai qualcosa senza comprendere come o perché.

Alcuni lo chiamano presentimento, sesto senso o sapere inconscio... ma non si limita alla sfera irrazionale. I ricercatori hanno scoperto che non si tratta di una dote umana innata e non si forma in maniera naturale. È un'abilità che si può apprendere e, con l'esercizio, sviluppare.

Leggi queste dritte su come padroneggiare l'intuito e usarlo a tuo vantaggio nella vita di tutti i giorni:

1 Consapevolezza del corpo

Per imparare a sfruttare l'intuito, dovrai essere consapevole del tuo corpo e delle sensazioni che prova durante la giornata quando è rilassato, stressato o appagato. Senti l'aria che ti riempie i polmoni, il petto che si solleva e poi scende, prendi consapevolezza di ogni eventuale tensione muscolare e di come ti senti nel complesso. Quando prendi una decisione, l'alterazione del battito cardiaco, la sudorazione improvvisa, un senso di nervosismo o di angoscia nel petto o nella pancia potrebbero indicare una scelta sbagliata o negativa, mentre un formicolio potrebbe significare il contrario.

2 Sensazioni di pancia

C'è un perché se si dice seguire la "pancia". Spesso, quando si prova nervosismo o eccitazione, la sensazione più travolgente sono le farfalle nello stomaco. Quando prendiamo una decisione, le emozioni in un modo o nell'altro emergono, perciò impara a riconoscere quelle positive, a distinguere il nervosismo dall'eccitazione o dal terrore. Il modo migliore per ascoltare la pancia è andare in un posto tranquillo dove valutare di preciso la natura delle tue emozioni e ciò che l'intuito ti sta dicendo.

3 Momenti per meditare

Ritagliati con regolarità del tempo per meditare e rallentare la mente che lavora frenetica, così da acquisire maggiore consapevolezza dei tuoi pensieri e riconoscere al volo gli istinti. Tirati fuori dalla frenesia della vita, spegni il telefono e ogni altro dispositivo che distrarrebbe il tuo cervello e siediti in un posto tranquillo. Chiudi gli occhi e fa' respiri lenti e profondi, prendendoti il tempo necessario per valutare la decisione. Mentre respiri, ascolta le sensazioni che provi e pensa a come si sentono corpo e mente.

4 Tirare a indovinare

Giocare a indovinare qualcosa è un ottima strategia per mettere alla prova l'intuito e migliorare l'istinto. Si può fare in molti modi. Indovina chi sta all'altro capo del telefono quando squilla, senza controllare il nome sullo schermo. Mentre guardi la TV o un film, prova a capire che cosa succederà o come sarà il finale. Con gli amici, tira una moneta e prova a vedere quante volte indovini il lato su cui cadrà. Prevedi chi farà il prossimo gol di una partita o il colore della macchina che ti sta per superare. Divertirsi con l'intuito è un ottimo modo per allenarlo; e puoi anche scoprire quanto il tuo è forte.

5 Presentimenti

Quando ascoltare il tuo corpo e le sensazioni che prova in certi frangenti e tra persone diverse sarà diventata un'abitudine, inizia a usare l'intuito più spesso per decisioni via via più importanti. Consultalo per capire quali vestiti indossare, che cosa comprare o dove andare. Fa' caso a ciò che provi quando l'intuito non sbaglia e ti fa prendere una buona decisione. Sfruttalo in mezzo agli altri per capire come ti senti quando stai tra persone che ti stanno simpatiche. Occorre che tu in questi momenti riconosca le sensazioni nel tuo corpo per poi esserne consapevole in futuro. Inoltre, è importante che tu sappia che cosa succede se prendi una decisione sbagliata, in modo da capire che cosa evitare in futuro.

6 Confida in te

Più usi l'intuito, più facile diventerà fidarti del tuo istinto e seguire la tua bussola interiore. Nella vita, saranno in tanti a consigliarti o a dirti che cosa fare. A volte avrà senso ascoltarli; altre, dovrai decidere tu sapendo ciò che è giusto per te. Impara a fidarti del tuo giudizio interiore e a seguire la tua strada, imparando dalle decisioni giuste così come dagli errori.

UN MOMENTO DI RESPIRO

Tutti, a un certo punto, hanno bisogno di un attimo per conto proprio. La prossima volta che vuoi rallentare una mente che lavora frenetica, prova questo esercizio

* Trova un luogo tranquillo e comodo dove sederti per due minuti senza distrazioni. Rilassa le spalle e appoggia le mani sulle cosce. Chiudi gli occhi e concentrati sul respiro..
* Fa' caso alle parti del corpo in tensione: la mandibola? La schiena e le spalle? A ogni inspirazione, visualizza l'aria che riempie quelle parti e osserva la tensione che svanisce a ogni espirazione.
* Mentre respiri, rilassati. Immagina i pensieri che sfrecciano nella tua mente e osservali per quello che sono: effimeri e temporanei. Continuando a inspirare ed espirare, guarda i pensieri che lentamente vanno alla deriva lontano da te..
* Poggia una mano sul petto e una sull'addome. Inspira attraverso il naso contando fino a quattro. Mentre respiri, la pancia ti si gonfierà. Trattieni il fiato per un attimo, poi butta fuori l'aria dalla bocca contando ancora fino a quattro, sentendo la mano che si abbassa insieme alla pancia. Ripeti per tre volte, poi apri gli occhi..
* Ora che i tuoi pensieri si sono calmati, puoi procedere con la tua giornata.

ORA DI DECIDERE

A volte, prendere decisioni può essere difficile. Dire di sì a una cosa significa spesso dover dire di no a un'altra. Se fai fatica a scegliere, ecco qualche dritta per te...

Quanto spesso ti senti dire di scegliere bene? Per alcune persone, prendere una decisione può rivelarsi complicato. Si bloccano, come un coniglio davanti ai fari di un'auto, perché hanno paura di fare la scelta sbagliata. Altre decidono in uno schiocco di dita, ma non riflettere prima di scegliere può comportare un successivo ripensamento, e dunque il ripresentarsi, più avanti, della stessa decisione da prendere di nuovo.

Ogni volta che hai più di un'opzione a disposizione, può essere che tu possa prendere una decisione "migliore" o una "peggiore". Magari sei in grado di intuire dove ti porterà ciascuna scelta, ma spesso non lo si sa per certo se non con il tempo.

Ci sono certe decisioni, per esempio come vestirsi o quale shampoo comprare, su cui non occorre pensare troppo perché le conseguenze non sono importanti (almeno, di solito no!). Quelle più difficili, come la scuola o l'università da frequentare, con chi fare amicizia, che tipo di amico o amica vuoi essere o come reagire se vedi qualcuno che ha bisogno di aiuto, richiedono riflessioni più profonde.

Cerca di ricordare che nessuno nasce con la capacità di prendere ottime decisioni: più scelte fai, più migliorerai, e tra l'altro molte volte non c'è una risposta giusta e una sbagliata.

SEI PASSI PER SCEGLIERE EFFICACEMENTE

1 Qual è il problema?

Scrivi la decisione che vuoi prendere. È importante che tu abbia chiaro ciò che stai cercando di ottenere.

2 Che cos'è importante per te?

Pensa al motivo per il quale devi risolvere la questione. Ti darà un'idea di quanto conti e di quanto sia importante che tu non sbagli. Chiediti in che modo questa decisione si ripercuoterà su di te e sulle persone a cui tieni. Qualsiasi scelta tu faccia, deve sembrarti giusta: deve essere in linea con i tuoi valori personali (l'idea che hai di ciò che è importante o no, di ciò che è giusto e ciò che è sbagliato) e con gli obiettivi che vuoi raggiungere.

3 Fa' ricerche e chiedi consigli

Non sentirti in obbligo di prendere decisioni difficili senza aiuto. Parla con un amico o un famigliare: potrebbero darti qualche ottimo consiglio, e spesso anche solo parlare di ciò che ti preoccupa aiuta. Anche fare ricerche è utile. Imparare tutto il possibile su un progetto, un'opzione o un tema ti permette di decidere da persona informata e renderà meno probabile, a posteriori, ritrovarsi a dire: "Se solo l'avessi saputo".

4 Elenca le possibili opzioni e alternative

Fa' una lista di ogni opzione possibile tra cui scegliere, perfino quelle che all'inizio ti sembrano stupide. Metti nero su bianco tante idee. Non giudicare ciò che scrivi, continua finché non ti viene più in mente nient'altro.

5 Quali sono le conseguenze?

Ora che hai maggiori informazioni e una lista di opzioni papabili, puoi soppesarne i pro e i contro. Per ciascuna, chiediti quali saranno i probabili esiti se la sceglierai. Come ti influenzerà ora? E in futuro? È una scelta buona? È una scelta onesta? Creerà problemi ad altri? Usa tutte le informazioni che hai raccolto e depenna le alternative che non vanno bene.

6 Scegli l'opzione migliore per te

E ora, la parte che spaventa di più. È ora di scegliere. Ricorda: qualsiasi decisione prenderai, assumiti la responsabilità del suo esito. Nessuno fa sempre ottime scelte, ma devi prepararti a difenderle, anche quando non funzionano. Buona fortuna!

LA PRIMA COTTA

Tutto ciò che devi sapere sull'intenso stato d'infatuazione

Se vuoi vedere i tuoi genitori arrossire o ridacchiare per l'imbarazzo, chiedi loro della loro prima cotta. Si ritroveranno con gli occhi tutti lucidi a raccontarti di quell'adolescente dal fisico allampanato, della rappresentante degli studenti o del cantante di una band ormai passata che per la prima volta ha fatto loro battere forte il cuore. Le prime cotte sanno essere inopportune e spiazzanti, ma sono anche normalissime.

Le infatuazioni sono una tappa cruciale nel percorso accidentato della crescita; sono il segno che le tue emozioni stanno maturando, come il tuo corpo. Lo psicologo Carl E. Pickhardt, esperto di genitorialità e adolescenza, afferma che, sebbene le cotte si associno di solito all'attrazione fisica, esistono tre tipi distinti di infatuazione, e ognuna fornisce una visione diversa della persona che si sta diventando.

Puoi sviluppare una cotta "identitaria", o da modello di comportamento, per qualcuno che ammiri, del tuo stesso sesso o di quello opposto, della tua stessa età o più grande. Ti aiuterà a individuare qualità e doti che apprezzi e che magari anche tu vorresti avere. Oppure potresti provare una cotta "romantica" per qualcuno che ti attrae, il preludio alla consapevolezza di chi vorrai frequentare da grande; o una cotta "da celebrità" per la tua star preferita della musica, del cinema o dei vlog.

Mettere su un piedistallo

Chiunque sia l'oggetto della tua cotta, ti farà vivere nuove sensazioni che, per quanto emozionanti, potresti fare fatica a gestire. Avrai le farfalle nello stomaco, la lingua ti si ingarbuglierà ogni volta che quella persona sarà a portata di orecchio e desidererai che ti noti, o addirittura di vestirti, parlare o essere come lei.

Quando hai una cotta, spesso non vedi quell'individuo per com'è davvero. Proietti su di lui tutta una serie di capacità: lo consideri la persona più bella, intelligente, atletica, artistica, musicalmente dotata del pianeta.

E poi, potresti ritrovarti a disegnare cuori attorno al suo nome o a sognare a occhi aperti, ed è tutto lecito, purché l'infatuazione non si trasformi in un'ossessione che prende il sopravvento sulla tua vita, ti rende triste, ti spinge verso azioni con cui non sei a tuo agio o a comportamenti inopportuni.

Può essere utile concepire una cotta come la prova di un vestito, che ti permette di vivere le emozioni che ti serviranno più avanti, quando avrai l'età per uscire con qualcuno. Purtroppo, dunque, ti si spezzerà il cuore, ma ti riprenderai presto e forse, riguardando l'oggetto dell'infatuazione, ti chiederai che cosa mai ci avrai visto.

PERDERE LA TESTA

La prima cotta può stravolgere tutto il tuo mondo. Ecco che cosa tenere a mente...

1 Che cos'è una cotta?

In parole semplici, è il passaggio dalla simpatia verso qualcuno a qualcosa di più. Non amore, ma infatuazione, e può essere nei confronti di una persona della tua età o più grande, del sesso opposto o del tuo, che conosci bene, poco (come il fratello o la sorella della tua migliore amica) o per niente (una star del cinema o di internet).

2 Come comportarsi

Una cotta in inglese si chiama anche "puppy love", "amore cucciolo", e per un buon motivo: ti riempie di vivace entusiasmo. In questo intenso stato di subbuglio emotivo, avrai la tentazione di correre a rivelare a tutti la tua infatuazione, ma occhio: chi ha una cotta è facile bersaglio delle prese in giro. Se non vuoi che tu o chi ti piace diventiate oggetto delle chiacchiere in classe o dei pettegolezzi sui social, tieniti per te ciò che provi. Allo stesso modo, non burlarti di amici e amiche se confessano di avere un debole per qualcuno, e rispetta i sentimenti di chiunque abbia una cotta per te, a prescindere dal fatto che tu li ricambi o no.

3 Che cosa aspettarsi

Sappi che è improbabile che una prima cotta si concretizzi. Spesso rimane una fantasia, un coacervo di emozioni che fa da trampolino verso la persona che sarai in futuro. Non per questo le sensazioni sono meno vere. In preda all'amore adolescenziale, proverai turbamento e tristezza. Di solito passano presto, ma in caso contrario considera di parlarne con una figura adulta fidata, magari di famiglia, che ti sostenga e pensi a te. Se ti imbarazza troppo, lo sportello psicologico della scuola o l'infermeria sono buone opzioni per parlare delle emozioni che ti turbano.

PORTE APERTE

Cambiare casa e trasferirsi in un'altra zona del paese può essere uno dei momenti più emozionanti della tua vita, ma anche più impegnativi. Ecco qualche spunto per trasformare una situazione potenzialmente stressante in un'esaltante opportunità...

Quando ti trasferisci, può darsi che tu debba cambiare scuola e lasciare le amicizie più strette, nonché una casa piena di ricordi. Mentre i tuoi si occupano di faccende noiose come organizzare i furgoni per il trasloco e preparare gli scatoloni, ci sono tanti modi in cui tu puoi rendere l'esperienza positiva e meritevole di essere ricordata, in senso buono.

1 Quando non vuoi trasferirti

Cambiare casa può essere pesante dal punto di vista emotivo. Se dipende da un cambiamento di vita difficile, o sei felice nella tua casa e nella tua scuola, può diventare ancora più impegnativo. Se provi tristezza o rabbia, cerca di capire il punto di vista dei tuoi sulle ragioni per cui la famiglia deve trasferirsi. Parlane con loro invece di tenerti tutto dentro, perché vorranno assicurarsi che tu lo viva bene. Se non puoi consultarli, contatta un parente o un insegnante. Prendi atto che il trasloco avverrà a prescindere da come ti senti, e vedilo come un'opportunità per fare nuove amicizie ed esperienze emozionanti..

2 Fa' i bagagli

Dato che dovrai impacchettare tutte le tue cose, ti servirà un'organizzazione impeccabile. Prendi carta e penna e stabilisci in quale scatolone andrà ogni oggetto. Ricordati di etichettarli, a numeri o a parole, indicandone chiaramente il contenuto. Per esempio, puoi creare scatoloni diversi per la scuola, le fotografie, i vestiti, i prodotti da bagno e i cosmetici. Raduna oggetti simili e annota ciò che metti in ogni scatolone. Più avanti ringrazierai per questa lista così noiosa da scrivere, quando arriverai nella casa nuova e ti chiederai dove mai sarà finita la tua maglietta preferita o dove hai messo il diario. È un'ottima idea anche creare uno scatolone di articoli indispensabili (vedi alla pagina seguente), nel caso non avessi le forze di disfare i bagagli subito dopo l'arrivo nella casa nuova.

3 Proteggi le tue cose

I tuoi avranno preso chilometri di pluriball e di carta per imballare al meglio gli oggetti fragili. Usali anche tu. Crederai che i tuoi averi più costosi stiano al sicuro in una scatola, ma è probabile che nel trasloco verranno sballottati parecchio. È anche bene non aspettare l'ultimo minuto per preparare tutto, così da avere il tempo di valutare se qualcosa ha bisogno di una protezione extra.

4 Fai ordine
Un trasloco è il momento ideale per passare in rassegna tutte le cose che hai accumulato. Decidi che cosa tenere e il resto riciclalo, regalalo o buttalo via. Se hai vestiti che non indossi da tempo o libri che non vuoi più, valuta di darli in beneficenza: libererai spazio compiendo un'azione positiva.

5 Tieni con te una scatola personale
Mi raccomando, tieni a portata di mano oggetti importanti come telefono, caricabatterie, occhiali o lenti a contatto, prodotti da bagno, trucco, fazzoletti o medicinali da trovare in fretta. Metti tutto in una scatola o in una borsa di un colore vivace così, al bisogno, la individuerai subito. Non dimenticare lo spazzolino! Anzi, prepara (per te, e anche per la tua famiglia, se ti senti altruista) un "kit di sopravvivenza per il trasloco" con tutto ciò che servirà a facilitare quella giornata, come penne, fogli di carta, acqua, cioccolato o merendine, e magari qualcosa per alleviare l'indolenzimento dopo aver sollevato tutti gli scatoloni. Un bel bagno caldo, magari.

6 Dire addio
Per fortuna, grazie ai social potrai tenerti in contatto regolarmente con amiche e amici, ma questo non ti renderà meno triste all'idea di lasciare loro e la tua scuola. Per facilitare il tutto, pianifica una data in cui tornerai a trovarli, o in cui loro verranno a trovare te. Cambiare casa e scuola fa parte della vita, e le persone con l'avanzare dell'età e l'inizio del lavoro o dell'università arriveranno e se ne andranno. Se le tue sono buone amicizie, rimarranno tali nonostante la distanza.

7 Fa' ricerche
Sfrutta internet per documentarti sulla zona in cui ti trasferirai e guarda se ci sono dei club in cui puoi entrare. Immagina i giri a piedi o di corsa che potrai fare per esplorare i dintorni una volta là. Prima del trasloco trascorri una giornata nella nuova scuola: magari conoscerai qualcuno della tua età prima del trasloco e questo toglierà un po' d'ansia al primo giorno nella scuola nuova.

8 Salutare
Quando arrivi nella nuova casa, dedica un po' di tempo per rendere la tua stanza davvero tua. È entusiasmante avere una tela bianca a cui dare un tocco personale: decidi dove posizionare il letto, dove appendere fotografie e mensole. Ti aiuterà a sentirti a casa

4:30

Cambiare PELLE

L'acne può minare l'autostima e creare scompiglio emotivo, ma se per te è troppo, non soffrire in silenzio. Continua a leggere per scoprire semplici strategie per confrontarti con le tue emozioni quando arrivano i brufoli

Se potessi vedere, velocizzati, i cambiamenti che il tuo corpo attraversa mentre passa dall'infanzia all'adolescenza alla giovinezza, rimarresti a bocca aperta. La trasformazione che fa emergere il tuo aspetto futuro da un corpo preadolescente ha del miracoloso.

Tutti questi mutamenti sono l'effetto della natura che fa il suo corso; il guaio è che, a volte, gioca a sfavore delle apparenze. Gli ormoni, responsabili della crescita e dello sviluppo, possono riservarti una brutta sorpresa, che può essere difficile da gestire.

La pelle. Prima non ci hai mai fatto troppo caso. Ma poi arriva l'adolescenza e il tuo viso immacolato diventa oleoso e si riempie di macchie per via dell'iperattività delle ghiandole sebacee, che producono sebo in eccesso.

Pensa positivo

Normalmente, il sebo è nostro amico. È la sostanza oleosa che rende i capelli lucenti e la pelle elastica, ma quando è troppo ostruisce i pori, intrappolandovi i batteri e causando quell'odiato assortimento di brufoli, comedoni e punti neri, noti, nel complesso, come acne. Nella sua forma più grave, l'acne può anche presentarsi sulla schiena e sul petto ed essere dolorosa quanto imbarazzante.

Anche una forma più lieve può spingerti a rintanarti in camera tua, troppo a disagio per uscire, ed è comprensibile. Il viso è sempre in bella mostra. È ciò che la gente guarda quando ti parla, per cui è naturale che tu voglia avere una carnagione priva di imperfezioni, "a prova di selfie". Ciò che devi ricordare è che l'aspetto è solo una minuscola parte della persona che sei. La tua vera essenza consiste nel tuo animo e nelle tue qualità di essere umano. Concentrati sul fatto che sei un' amica meravigliosa, un figlio o una figlia amorevole, gentile e premurosa. Se provi angoscia, chiediti: "Questi pensieri mi aiutano?" Se la risposta è no, trova altro a cui pensare, magari telefona a qualcuno, finché il momento non sarà passato.

Wilkins

Un problema di famiglia

Ti aiuterà sapere che i problemi dermatologici non ti impediranno di raggiungere i tuoi obiettivi. Pensa a Rihanna e a Lorde, le quali parlano apertamente dei propri brufoli. Il messaggio di Lorde, secondo cui "è lecito avere difetti", è giustissimo, mentre Rihanna ha un consiglio: "Quando la pelle non ne può più, io abbondo con l'acqua. E poi, porto il rossetto: distoglie l'attenzione dalle imperfezioni". Se il rossetto ti sembra una buona soluzione, bene. Ma non è indispensabile: tu sei una favola al naturale, perciò scegli quel che più si addice al tuo stile e al tuo carattere.

Il dottor Chris Bower, dermatologo (cioè uno specialista della pelle) afferma, dati alla mano, che chi ha brufoli durante l'adolescenza è "normale": "La stragrande maggioranza di ragazzi e ragazze (l'80%) presenta acne di entità più o meno grave. Chi ha una pelle perfetta per tutta l'adolescenza è la minoranza". Descrive l'acne come una torta a strati: uno costituito dagli ormoni, uno dai batteri, uno dal sebo e uno molto spesso, che occupa il 50%, dai geni che si ereditano. "Se i tuoi genitori avevano l'acne, è molto probabile che ne soffrirai anche tu" afferma il dottor Bower.

Sapere che tua madre e tuo padre hanno affrontato la stessa esperienza e ne sono usciti può aiutare, ma è importante dire loro, o a un'altra figura adulta fidata, che sei in difficoltà.

Purtroppo, spesso acne e bullismo vanno a braccetto. Uno studio condotto dalla British Skin Foundation ha rilevato che il 62% dei duemila adolescenti che hanno partecipato al sondaggio sono stati insultati. Se ti prendono di mira a scuola o sui social, fa' capire alla tua classe quanto dolore ti provoca, ma non temere di chiedere aiuto a una figura adulta. Sono i bulli ad avere un problema, non tu.

Infine, gli psicologi riconoscono che anche brufoli di lieve entità possono portare ad ansia e depressione, mentre i casi più gravi possono causare problemi emotivi importanti. Se ti stai isolando dalle amicizie, ti senti giorno dopo giorno sempre più giù e la tua pelle compromette le tue attività quotidiane, è importante che consulti il medico.

L'acne non andrebbe banalizzata. Il suo impatto, lungi dall'essere superficiale, può essere profondo e duraturo, ma c'è di buono che esistono trattamenti efficaci: pomate e compresse da assumere su prescrizione. Non devi per forza conviverci o soffrire in silenzio. E, se riesci, ricordati che non ti definisce: solo tu puoi farlo.

COMBATTERE L'ACNE

Il dottor Chris Bower, dermatologo, e la dottoressa Anjali Mahto, portavoce della British Skin Foundation, consigliano:

* Non toccarti. Schiacciare i brufoli è quanto di peggio tu possa fare.

* Mantieni la pelle pulita, ma non lavarla più di due volte al giorno e non esfoliarla. Usa un sapone senza derivati del petrolio e un detergente neutro. Se hai brufoli sulla schiena, lavati delicatamente con un sapone antibatterico e una spazzola..

* Non ci sono prove secondo cui i problemi della pelle dipendano dalla dieta. Detto questo, frutta, verdura e acqua fanno sempre bene.

* Lavati i capelli regolarmente e tienili lontani dal viso per non irritare guance e fronte.

* Se vuoi truccarti, scegli prodotti a base d'acqua, senza derivati del petrolio, non comedogeni e non acneici. Prima di andare a letto, elimina ogni traccia di trucco.

* Fa' esercizio fisico. Non fa sparire l'acne, però migliora l'umore..

* Sottoponiti a una cura efficace. Se il tuo caso è grave, consulta un dottore. Può prescriverti dei medicinali o indicarti un dermatologo. Perché i farmaci facciano effetto potrebbero occorrere alcune settimane, perciò non desistere se non vedi subito i risultati.

* Trattare l'acne ora può impedire che peggiori. Non curata, l'acne a volte si aggrava; e quando poi guarisce, può lasciare cicatrici permanenti..

IL LOOK NATURALE

Ti senti in dovere di seguire le ultime tendenze del makeup? Forse è il momento di abbandonare il trucco e far risplendere la tua bellezza interiore...

Le tendenze in fatto di estetica vanno e vengono come le mode, ma vale la pena ricordare che un look naturale è sempre di tendenza, specialmente se hai la fortuna di avere un viso giovane e bello. Magari non te ne rendi conto, ma la tua pelle è più morbida ed elastica ora di quanto non lo sarà mai in qualsiasi altra fase della tua vita. Non concentrarti su qualche foruncolo o imperfezione, perché la pelle giovane ha una luminosità naturale e sana che è sempre attraente, e occhi e labbra hanno i colori intensi che il trucco vorrebbe rimpiazzare.

Certe persone si truccano per aumentare l'autostima, altre per nascondersi come dietro una maschera, ma per molte, ovviamente, il trucco è una forma di espressione creativa e un divertimento. Abbandonando i cosmetici e scegliendo il look naturale, però, dimostri al mondo di essere felice nella tua pelle. Prima di sfoderare le ciglia finte, apprezza l'aspetto che hai ora. Invecchiando, la pelle perde elasticità, è soggetta a rughe, ecco perché le donne più grandi usano il fondotinta: per ricreare l'incarnato che avevano un tempo. Ora la tua pelle non ha bisogno di ritocchi: vivi al massimo la bellezza della tua gioventù. Ecco come...

DRITTE PER UN VISO FRESCO E PULITO

- Mantieni la pelle bella più a lungo bevendo tanta acqua. Eliminerà le tossine e le impurità dal corpo..
- Mangia sano: tanta frutta e verdura fresca tutti i giorni. Rafforzerai il sistema immunitario, ti sentirai bene e la tua pelle avrà un aspetto magnifico.
- Dopo averla lavata, idrata la pelle con una semplice lozione o una crema che non contenga troppe sostanze chimiche, che sarà dunque più delicata sulla pelle..
- Usa del burrocacao naturale invece del rossetto, così da mantenere le labbra fresche e pulite.
- Sfoltisci le sopracciglia senza esagerare, perché strapparle troppo, con la pinzetta o la ceretta, può rovinarne la forma in maniera irreversibile. Le sopracciglia contribuiscono a incorniciare il viso, dunque basta pettinarle all'insù con un pettinino apposito..
- Invece del mascara, metti una piccola quantità di vaselina su un dito e applicala con delicatezza sulle ciglia. Così rimarranno morbide e si arricceranno verso l'alto, mentre il mascara a lungo andare le secca e può provocarne la rottura..
- Tieni in ordine le unghie pulendole e tagliandole con regolarità, per fare buona impressione. Smalti, gel e ricostruzioni hanno un forte impatto visivo, ma richiedono una cura regolare, costano e, se non applicati a regola d'arte, possono danneggiare le unghie..
- Dormi tanto. La durata raccomandata di sonno ininterrotto ogni notte è di otto ore.

ECCO PERCHÉ LA BELLEZZA NATURALE VINCE

Cinque motivi per buttare i trucchi e dimostrare alla tua pelle un po' di amore naturale:

1 **Risparmiare**
Scegliere un look naturale ha senso a livello economico. Pensa a quanto risparmieresti evitando di scialacquare tutto quel denaro in ombretti, mascara, fondotinta e eyeliner costosi che durano pochi mesi (per non parlare della manutenzione delle unghie artificiali).

2 **Dormire di più**
Goditi un po' di tempo in più a letto ogni mattina, dato che non devi passare un'ora in bagno ad applicare con cura strati su strati di trucco.

3 Difendere l'ambiente

Più prodotti di bellezza si comprano, più le aziende ne produrranno; perciò, fa' la tua parte in difesa dell'ambiente evitando di comprare ciò che non serve. La maggior parte delle confezioni del trucco non è biodegradabile, quindi, una volta buttata via, va a intasare le discariche della Terra o a inquinare gli oceani.

4 Proteggere la salute

Truccarsi ogni giorno ti espone maggiormente al rischio di infezioni, poiché possono entrarti negli occhi piccole particelle di sporco presenti nei cosmetici. E ricorda: gran parte dei trucchi contengono ingredienti artificiali, che non sono l'ideale da tenere a contatto con la pelle per tutto il giorno. Se ti capita di truccarti, la sera rimuovi ogni traccia dei cosmetici. Inoltre, sostituisci il mascara ogni sei o otto settimane e tempera spesso le matite per occhi.

5 Fare festa

Nessuno deve per forza abbandonare completamente i trucchi, ma che ne diresti di riservarli per i momenti fuori da scuola o dall'università, quando esci a fare festa? Crea una distinzione netta tra il tuo aspetto durante il giorno e quello nei momenti di svago e prepararsi per uscire diventerà di colpo molto più divertente.

CHIEDI UNA MANO

Se sei in panne con i compiti o qualcuno a scuola ti parla male alle spalle, non devi per forza affrontare la situazione per conto tuo

Chiedere aiuto può fare paura, ma ci sono tantissime cose per le quali è normale aver bisogno di una mano; anzi, qualsiasi tua preoccupazione è lecita e hai tutto il diritto di parlarne, se vuoi. Cercare attivamente ciò che ti serve presuppone in realtà forza e determinazione, ed è uno dei tanti modi in cui puoi prenderti cura di te.

Ci sono tante persone a cui puoi chiedere consiglio, basta farlo il più possibile con mente aperta e coraggio...

1 **Amiche e amici**
Danno un fantastico sostegno e potrebbe anche sembrarti che ti conoscano meglio loro dei tuoi genitori. Se abitano vicino a te, magari puoi anche rifugiarti da loro, se la situazione a casa tua ti turba. Non sottovalutare l'amicizia: parlare di come ti senti con le persone a te più care può già essere di grande aiuto.

2 **Famiglia**
I tuoi famigliari desiderano il meglio per te, anche se a volte hai l'impressione che non sia così. Se sanno che qualcosa ti preoccupa, ti offriranno il miglior consiglio. Nel caso in cui tu non te la sentissi di parlare apertamente con i tuoi genitori, tra i tuoi parenti possono esserci altre figure adulte di cui puoi fidarti.

3 **Insegnanti**
Chiunque lavori nella tua scuola ha il dovere di proteggerti. Magari non credi di poter legare con un insegnante, ma ciascun membro del personale può indirizzarti nella giusta direzione e chiederti come sta andando; può diventare un alleato in una scuola dove magari ti senti sola. Gli insegnanti possono anche darti una mano nel concreto, per esempio offrendo un sostegno nel ripasso e nei compiti. È importante soprattutto far sapere a qualcuno a scuola se sei vittima di bullismo; se sei a disagio a parlare faccia a faccia, chiedi a un'amica o a un amico di accompagnarti.

4 **Comunità su internet**
I forum e i blog sono ottimi per ricevere dritte e strategie utili da chi sta affrontando la tua stessa situazione. Molte persone discutono su YouTube della scuola e dello stress degli esami, dei problemi in famiglia e del bullismo; e nella sezione commenti vedrai che altre ancora raccontano esperienze simili.

5 **Associazioni professionali**
Se lo stress e la preoccupazione ti opprimono o non riesci a trovare nulla che ti rallegri e quella sensazione non se ne va, c'è un medico pronto ad ascoltarti. Saprà consigliarti sullo stile di vita, come gestire lo stress e come risollevare l'umore. Può anche indicarti uno psicologo, un professionista specializzato per ascoltarti in un ambiente privato e sicuro, così che tu possa sfogare ogni tua preoccupazione. A volte fa bene parlare con qualcuno che non ti conosce e che può darti consigli sinceri.

È ORA DI CRESCERE (O FORSE NO?)

Il prossimo capitolo della tua vita attende solo di essere scritto. Ti aspettano grandi emozioni, ma ci vuole coraggio per uscire dalla zona di comfort

È il tuo momento. Crescendo, puoi iniziare a sondare la tua identità, imparare a scoprire il mondo per conto tuo e prendere decisioni in autonomia. Ma se una parte di te ha fretta di conquistare l'indipendenza, un'altra potrebbe temere il cambiamento, le emozioni confuse e le difficoltà che potrebbero presentarsi più avanti. Che cosa vedi quando pensi al futuro? Un mondo pieno di promesse e di opportunità o una vita ardua, colma di insidie?

Una strada entusiasmante e spaventosa

Crescendo, pian piano abbandoni la zona di comfort dell'infanzia e prendi gradualmente controllo della tua vita. Questo processo non solo è normale, ma è indispensabile per farti spiccare il volo.

Non lo senti quel desiderio di libertà e di diversità (e, al contempo, di appartenenza e di uguaglianza)? È una sensazione emozionante... e spaventosa.

Ci vuole coraggio a lasciare la propria "vecchia" vita e a lanciarsi nell'ignoto. C'è tanto da imparare e dovrai far fronte a tante aspettative... della società, dei genitori, della scuola, e molto spesso alle tue.

Ma ricordati che sarà anche divertente, se ti concederai di goderti il viaggio. Vivrai tante nuove esperienze, nuove emozioni, nuove amicizie e tutto un mondo di nuove possibilità.

Se non te la senti ancora, non costringerti. Non devi per forza cambiare dall'oggi al domani. Piuttosto, lasciati il passato alle spalle lentamente, poco alla volta, mentre comprendi chi sei davvero e che cosa desideri dalla tua vita.

"CAMBIARE È DIFFICILE ALL'INIZIO, CAOTICO NEL MENTRE E MAGNIFICO ALLA FINE"

Robin Sharma

Il punto di partenza

Se provi confusione e magari anche ansia rispetto a ciò che il futuro può riservare, sei in buona compagnia. Gran parte delle persone si sentono così. Perfino gli adulti non sanno dare risposte a tutte le domande, ma l'importante è provare a sfruttare la conoscenza e la saggezza che si acquisiscono nel tempo.

Ma è l'esperienza, non il tempo, che ti aiuta a comprendere meglio il mondo che ti circonda... e a capire chi sei. Le esperienze, belle o brutte che siano, sono preziose e contribuiscono a sviluppare saggezza e maturità emotiva.

Ma che fare se ti preoccupa l'idea di assumerti le responsabilità che arrivano crescendo? Se vuoi restare per sempre giovane e senza pensieri? Ti sembrerà allettante, ma è anche bello conoscere la persona che puoi diventare e i traguardi che puoi raggiungere nella vita.

Esperienze inedite

Pensa a crescere come a una grande avventura ricolma di esperienze che arricchiscono. Ci saranno tappe cruciali che aumenteranno la tua autostima e ti daranno fiducia nel futuro. E, attraversando l'adolescenza, diventerai naturalmente più consapevole, responsabile e capace.

Ricorda che indipendenza non significa solitudine. Ci saranno persone intorno a te pronte ad aiutarti, perciò non avere timore di chiedere. Se entri in conflitto con i tuoi genitori o tutori, mantieni la calma e parla con loro sinceramente di ogni tua paura o frustrazione (anche allo sportello psicologico o all'infermeria della scuola). Così imparerai a fidarti, elemento fondamentale della tua indipendenza futura e di tutte le relazioni. Diventare grande non sarà sempre facile, ma ne varrà la pena.

COME ACCOGLIERE IL CAMBIAMENTO

1 **Non succede solo a te**
Tutti dobbiamo crescere, ma non bisogna per forza farlo in solitudine. Chiedi consiglio. Tutori, fratelli e sorelle maggiori, amici e amiche saranno felici, perfino onorati di aiutarti in una questione così personale. Sfrutta al massimo l'aiuto di cui disponi.

2 **Scegli con attenzione**
Cerca di non gettarti nei pericoli seguendo gli altri alla cieca e senza badare alle conseguenze delle tue azioni. Affronta ogni situazione con accortezza per prendere decisioni che ti mettono a tuo agio, e prenditi un momento per valorizzare ciò che sta accadendo nella tua vita.

3 **Non c'è fretta**
Se senti che le cose non stanno cambiando abbastanza velocemente, abbi pazienza. Magari ora non sarà tutto come ti aspettavi, ma da' tempo al tempo e non temere di riprovarci o di usare un'altra strategia. Tu hai il potere di cambiare e non è mai troppo tardi per farlo.

4 **Fa' un passo indietro**
A volte la vita può confondere e farti smarrire l'orientamento. Cerca di non farti prendere dalle emozioni. Fa' una pausa e scrivi un elenco di tutte le difficoltà che hai davanti. Affrontale una alla volta e a mano a mano depennale, così da assaporare i progressi.

5 **Impara a essere te, al meglio**
La paura non è una bella sensazione e può farti dubitare delle tue capacità. Ma non lasciare che ti impedisca di realizzare il tuo potenziale. Sii audace e cerca di non aver paura di crescere. Anzi, sii impaziente di diventare la persona migliore che puoi.

Pubblicato per la prima volta nel 2019 da Ammonite Press

CREALIBRI è un marchio EDICART Style
Via Jucker, 28 - Legnano (MI) - Italia
Titolo originale: *Be Brave*

Testi: *Dawattie Basdeo, Vicky H Bourne, Jenny Cockle, Charlie Cook, Amy Curran, Susie Duff, Donna Findlay, Anne Guillot, Ashley Lampard, Sarah Maynard, Kate Orson, Sarah Rodrigues, Carol Anne Strange, Xenia Taliotis, Renée van der Vloodt, Janette Wolf*

Illustrazioni di *Alamy.com, Shutterstock.com, Anieszka Banks, Matt Chinworth, Fern Choonet, Trina Dalziel, Claire van Heukelom, Stephanie Hofmann, Ginnie Hsu, Eva Naroditskaya, Samantha Nickerson, Sara Thielker, Céleste Wallaert, Ellice Weaver, Sarah Wilkins, Rose Wong*

Illustrazione di copertina di *Charly Clements*

Traduzione dall'inglese di *Beatrice Mereghetti*